수다 자수 프로젝트

사계절
오동통
꽃자수

수다 자수 프로젝트

사계절
오동통
꽃자수

최부경 지음

팜파스

수놓는 일(繡), 찻물(茶)을 끓이는 일, 정겨운 대화(수다)는 언제나 즐겁습니다.

좋아하는 일을 통해 하나의 계획과 목표를 정해 나 자신과의 약속을 지키자는 의미로 시작된 자수 프로젝트는 '수다繡茶 프로젝트'라는 이름으로 시작되었습니다.

이번 수다 프로젝트에서는 사계절, 주변에서 쉽게 만날 수 있는 꽃과 나무 등을 관찰하여 다양한 시선으로 바라본 모습을 표현하였습니다.

가녀린 꽃들이 쉽게 꺾이지 않고 튼튼하게 그 계절 안에서 오래도록 머물기를 바라는 마음에서 줄기가 튼튼하고 오동통한 꽃으로 수놓았습니다 (대부분 2.2×3.8cm).

간단하고(simple) 쉽고(easy) 작고(small) 귀여운(cute) 특징을 살려 간결하고 정감이 가는 작품을 만들어내는 것에 충실했습니다.

사계절 자연을 수놓고, 찻물을 끓이며, 오고가는 대화 속에서 위로받고 행복했던 그 마음을 이제는 많은 사람과 함께 나누고 싶다는 생각으로 이 책을 펴게 되었습니다.

이 책을 접하는 분들이 나의 작고 귀엽고 통통한 꽃들로 미소 지을 수 있기를 바랍니다.

목
차
。

프롤로그 。 4

BASIC 1.

재료와 도구 。 12

。 재료   。 도구

BASIC 2.

수놓는 순서 。 16

。 원단 준비하기   。 자수실 다루기
。 도안 옮겨 그리기   。 매듭짓기
。 자수틀에 끼우기   。 예쁘게 수놓기

BASIC 3.

이 책에서 사용한 스티치 · 21

- 아우트라인 스티치
- 체인 스티치
- 백 스티치
- 러닝 스티치
- 스트레이트 스티치
- 레이지 데이지 스티치
- 레이지 데이지 스티치 + 스트레이트 스티치

- 플라이 스티치
- 리프 스티치
- 새틴 스티치
- 캐스트 온 스티치
- 카우치트 트렐리스 스티치
- 바스켓 스티치
- 프렌치 노트 스티치

BASIC 4.

작품 만들기 TIP · 28

- 접착심지 붙이기

- 꽃꽂이용 꽃 만들기

BASIC 5.

도안 보는 법 · 31

수다 프로젝트
봄
3~5월

SPRING

봄이 오면 • 34
〔 봄 꽃다발 〕 • 44

수선화 • 46 튤립 • 50
꽃양귀비 • 52 민들레 • 56
명자나무 꽃 • 60 수수꽃다리 • 64
나비 • 66 모란과 나비 • 70
무당벌레와 둥근 잎 • 74

수다 프로젝트
여름
6~8월

SUMMER

여름이 오면 • 78
〔 여름 화단 〕 • 88

장미 꽃봉오리 • 92 장미 정원 • 94
은방울꽃 • 98 산딸나무와 열매 • 102
에키네시아 • 104 수국 • 106
나리꽃 • 108 백합 • 110
카라 • 112 달팽이 • 114
여름 잎사귀 • 116

수다 프로젝트
가을
9~11월

가을이 오면 · 122
{ 가을 꽃바구니 } · 132

코스모스 · 134   국화 · 138
도토리가 열리는 참나무 · 142   밤나무 · 144
산사나무 · 148   솔방울과 사방오리 · 152
조롱박(호리병박) · 156   가을 산책 · 158
노을 · 160

수다 프로젝트
겨울
12~2월

겨울이 오면 · 166
{ 겨울 꽃꽂이 } · 174

겨울 메타세쿼이아 · 176   목화 꽃다발 · 178
눈꽃송이 · 182   크리스마스 리스 · 186
나무 · 190   아네모네 · 194
소나무 · 196   갯버들 · 198
겨울 풍경 · 202

BASIC 1.

재료와 도구

재료

① 자수실

이 책에서는 광택이 없고 포근한 감촉을 지닌 덴마크 꽃실을 사용하였습니다. 일반적으로 사용하는 25번 자수실보다 약간 굵은 실입니다.

② 원단

이 책에서는 워싱 린넨과 면을 사용하였습니다. 린넨은 물에 젖으면 줄어들기 때문에 도안을 옮기기 전에 반드시 선세탁해놓습니다.

③ 양면 접착심지

원단과 원단 사이에 양면 접착심지를 놓고 다리미로 다리면 나일론 소재의 심지가 녹으면서 마주한 원단이 붙게 됩니다.

④ 가방 접착심지 2T

한쪽 면에 접착제가 발라진 코튼 접착심지입니다. 빳빳한 심지로 가방이나 다양한 소품을 만들 때 단단하게 모양을 잡아야 할 곳에 사용합니다. 반짝이는 부분이 접착제가 발라진 면으로, 접착 면을 원단 안쪽에 대고 올린 다음 다리미로 꾹꾹 눌러 다려주면 됩니다. 이때 다리미에 접착액이 묻는 것을 방지하기 위해 얇은 천을 덮고 다리는 것이 좋습니다.

· 2T는 접착심지의 두께입니다.

⑤ 펠트(하드 펠트 1.2mm)

이 책에서는 자수 소품의 뒷면을 깔끔하게 마무리하는 등의 용도로 사용합니다.

⑥ 올풀림 방지액

원단의 가장자리 올이 풀리는 것을 방지할 수 있습니다.

⑦ 포장용 마끈

⑧ 와이어 끈

도구

① 자수틀

수놓을 때 원단을 팽팽하게 고정하는 도구입니다. 도안의 크기에 적당한 수틀을 사용합니다.

② 자수바늘

실 가닥 수에 따라 바늘 굵기를 정합니다. 이 책에서는 존 제임스(John James) 자수용 바늘 7호와
셔닐 바늘 24호를 사용하였습니다.

· 1~2가닥의 실을 사용할 때는 7호 바늘을 사용하고, 3~4가닥의 실을 사용할 때는 24호 바늘을 사용합니다.

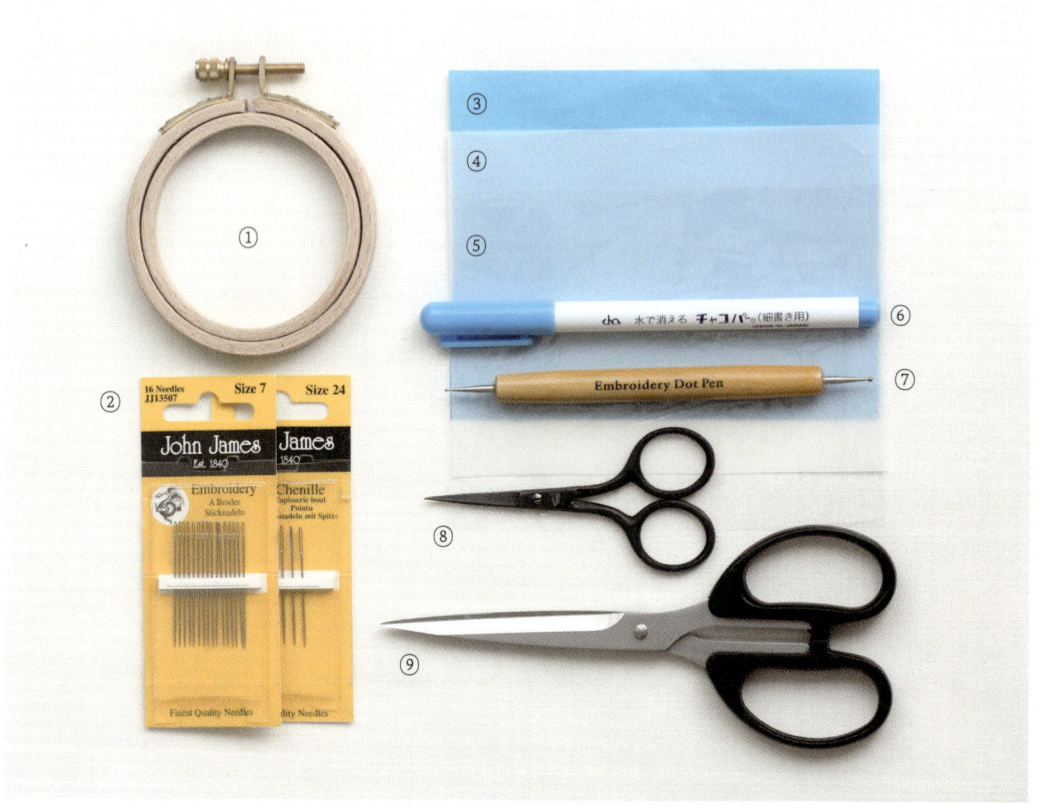

③ 초크페이퍼(수용성)

원단에 도안을 옮기기 위해 사용하는 복사지, 원단의 색깔과 초크페이퍼 색깔이 달라야 표시한 선이 잘 보입니다.

④ 트레이싱 페이퍼

도안을 원단에 옮길 때 사용하는 반투명한 종이로, 도안을 트레이싱 페이퍼에 베껴 그리고 초크페이퍼를 이용해서 다시 원단에 옮겨 그립니다.

⑤ 셀로판지

도안을 원단에 옮길 때 트레이싱 페이퍼가 손상되지 않도록 보호하는 역할을 합니다.

⑥ 수용성 펜

초크 페이퍼로 도안을 옮긴 다음 세세한 도안을 그리거나 수정할 때 사용합니다. 물을 묻히면 지워집니다.
· 촉이 가는 수용성 펜을 사용하는 것이 좋습니다.

⑦ 트레이서(철필)

트레이싱 페이퍼에 베낀 도안을 원단에 옮길 때 사용합니다. 잉크 없는 볼펜을 사용해도 됩니다.

⑧ 자수용 가위

끝이 뾰족하고 날이 얇은 가위가 좋습니다. 실을 자르거나 원단 끝을 처리할 때 사용합니다.

⑨ 재단용 가위

원단을 자를 때는 전용 가위를 사용합니다. 용도별로 가위를 분류해 사용하면 가윗날의 손상이 적어 오랫 동안 사용할 수 있습니다.

BASIC 2.

수놓는 순서

원단 준비하기

① 원단이 줄어드는 것을 방지하기 위해 선세탁 후 구김이 간 원단을 잘 다려줍니다.

② 원단 가장자리의 씨실(가로 방향)과 날실(세로 방향)을 1올씩 빼냅니다. 가로 올과 세로 올의 방향이 확실해져 틀어진 올을 확인하고 바르게 할 수 있습니다.

도안 옮겨 그리기

① 도안을 원단에 옮겨 그릴 때는 초크페이퍼를 이용합니다.

② 원단 → 초크페이퍼 → 도안 → 셀로판지 순으로 놓고 시침핀으로 고정한 후 트레이서(철필)로 도안을 덧그립니다.

· 초크페이퍼는 색깔이 묻어 있는 쪽을 원단과 마주 보게 올려둡니다. 셀로판지는 밑그림이 손상되는 것을 방지하기 위해 사용합니다.

자수틀에 끼우기

① 자수틀의 나사를 느슨하게 해서 안쪽과 바깥쪽을 분리합니다.

② 안쪽 틀 위에 도안이 중앙에 오도록 원단을 얹고 그 위에 바깥쪽 틀을 끼워줍니다.

③ 천의 가로, 세로 올이 뒤틀리지 않게 주의하면서 원단을 잡아당겨 팽팽하게 만들고 나사를 단단히
   조여줍니다.

자수실 다루기

① 색상 번호표 가까운 쪽의 실의 고리를 잘라냅니다.

② 반대쪽 고리에서 필요한 가닥 수만큼 한 가닥씩 빼서 가지런히 정돈해서 사용합니다. 실이 반듯해야
   꼬이지 않고 예쁘게 수놓을 수 있습니다.

③ 뜨개질 도구로 사용되는 어깨 핀에 자주 사용하는 색상의 실들을 걸어두면 정돈이 되어 보기 좋고 휴
   대하기도 좋습니다.

매듭짓기

시작하는 매듭

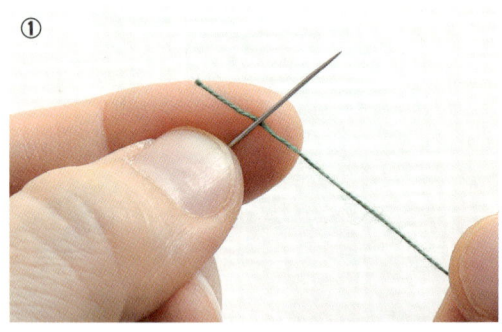 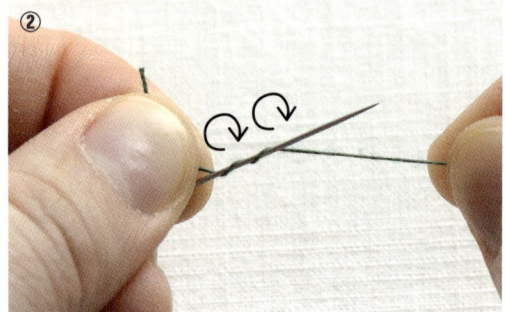

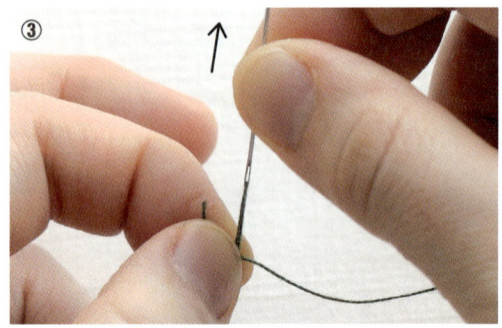

① 바늘귀에 실을 통과시킨 다음 실 끝을 바늘과 열십자(+) 모양이 되도록 바늘 아래에 놓습니다.

② 바늘에 실을 시계방향으로 두 번 감아줍니다.

③ 감은 실을 잡고 바늘을 빼줍니다.

마무리하는 매듭

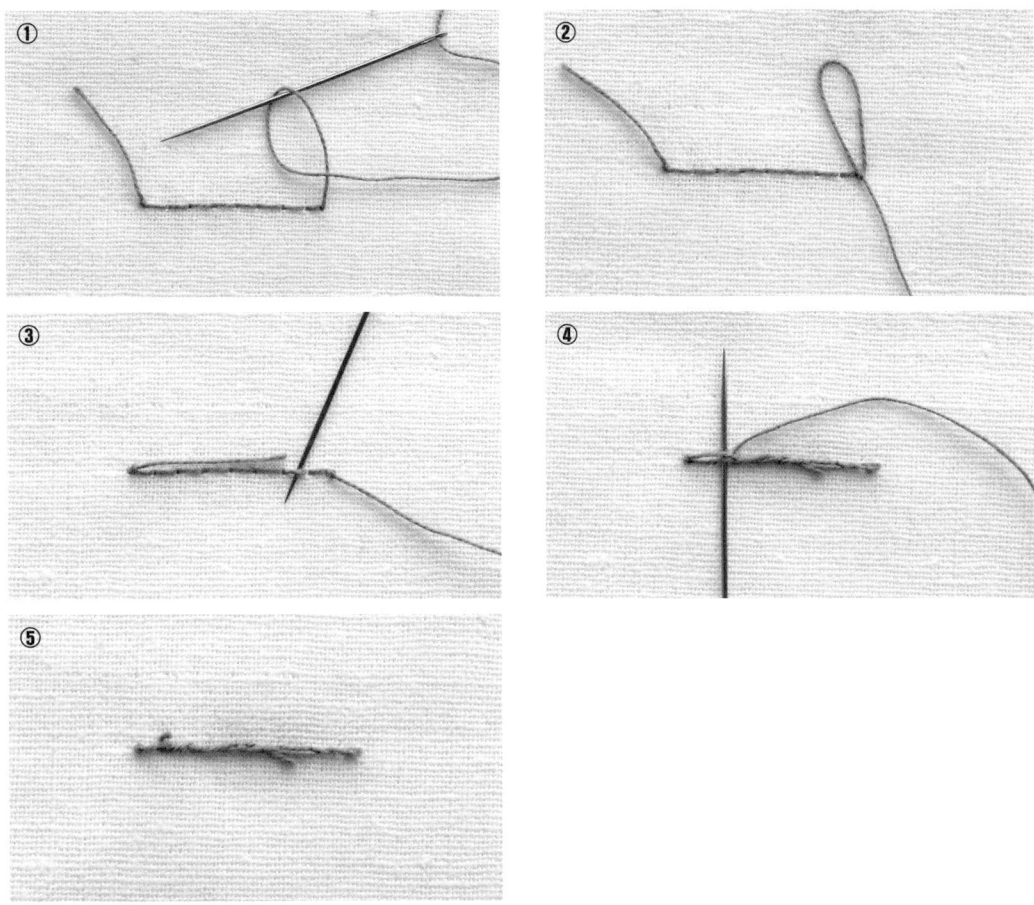

① 자수를 완성한 후 자수 뒷면에 실의 고리를 만들어 바늘을 통과시켜 매듭을 짓습니다.

② 원단에 바짝 붙여 매듭을 짓습니다.

③ 매듭이 빠지지 않도록 자수 뒷면의 바늘땀에 실을 2~3회 걸어줍니다.

④ 실을 걸어줄 때는 실을 세게 당기지 않도록 하고 시작하는 매듭에서 생긴 실꼬리도 바늘땀에 같이 묶어 빠지지 않게 몇 차례 걸어줍니다.

⑤ 최대한 실꼬리가 보이지 않게 가위로 바짝 잘라 마무리합니다.

예쁘게 수놓기

① 실을 너무 세게 잡아당기지 않도록 합니다.

· 실을 세게 잡아당기면 천이 울 수 있습니다.

② 너무 빽빽하게 수놓지 않습니다.

· 면을 채울 때 빈틈이 보이지 않게 빽빽하게 메우면 실이 밀려서 뜨게 되고 답답해 보입니다. 약간 모자란 듯 느슨하게 메우는 것이 좋습니다.

③ 어떤 원단을 사용하든 상관없지만 바늘이 잘 들어가지 않는 두꺼운 원단이나 올이 거친 마, 거즈는 피하는 편이 좋습니다.

④ 수를 놓다 보면 실이 회전해 꼬이며 엉키게 됩니다.

· 엉키지 않고 풀리면 다행이지만 엉킨 상태로 매듭지어지면 자수를 마무리하지 못한 채 실을 끊어 내야 하는 경우가 있습니다. 이를 예방하기 위해 수놓는 중간에 한 번씩 실이 걸린 바늘을 아래로 떨어뜨려 꼬인 실을 위에서 아래로 손가락으로 훑어 부드럽게 풀어주며 수놓습니다.

⑤ 짙은 색(붉은색, 남색 계열)의 실을 사용할 경우 간혹 물 빠짐이 있을 수 있습니다.

· 이를 예방하기 위해 자수를 시작하기 전 미리 테스트를 한 후 사용하는 것이 좋습니다.

· 하얀 원단에 실뭉치를 올려두고 분무기로 물을 흠뻑 뿌리면 물 빠짐이 있는 실인지 알 수 있습니다.

· 물 빠짐이 있다면 종이컵 사이즈의 용량(약 180ml)의 미온수에 굵은 소금 1ts(티스푼)을 녹여 약 30분간 실을 담가 둡니다.

· 2~3회 위의 과정을 반복한 후 그늘에 말려 사용하면 물 빠짐을 최소화할 수 있습니다.

BASIC 3.

이 책에서 사용한 스티치

아우트라인 스티치 Outline Stitch

겹치는 부분이 적으면 선이 가늘어지고 겹치는 부분이 많으면 선이 굵어집니다.

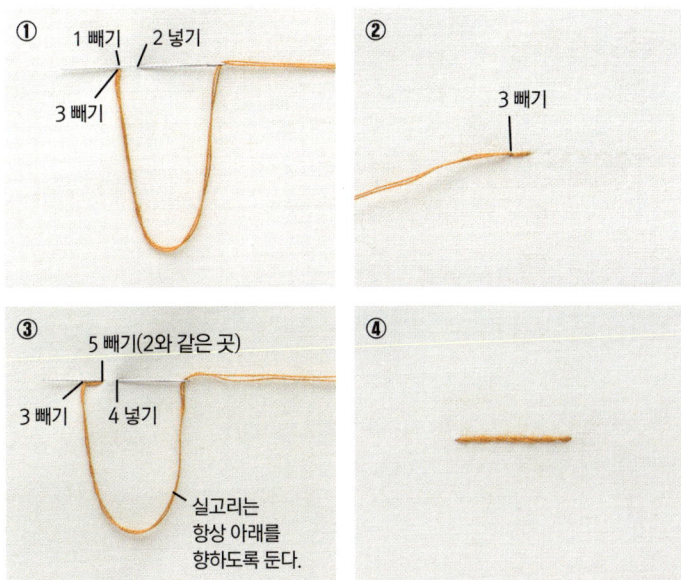

아우트라인 스티치(모서리 연결 부분 수놓기)

바늘을 자수 뒷면의 스티치 사이로 통과시켜 실이 빠지지 않도록 한 후 같은 바늘구멍으로 바늘을 앞으로 빼서 수놓습니다.

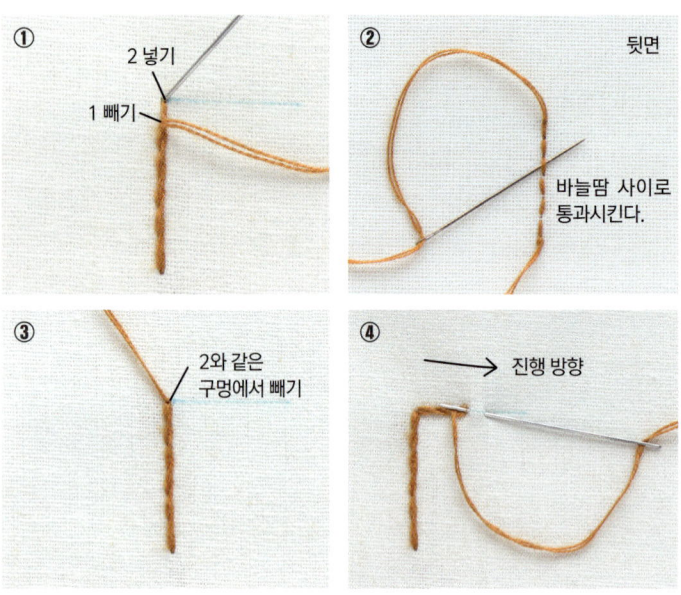

체인 스티치 Chain Stitch

곡선은 바늘땀 길이를 짧게 수놓으면 깔끔하게 완성됩니다.

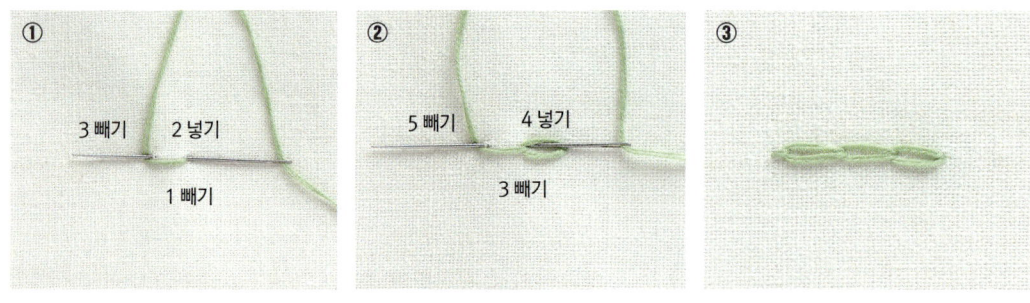

백 스티치 Back Stitch

이 책에서는 가는 선 또는 꽃잎의 결을 표현하거나 가장자리 경계를 수놓을 때 사용하였습니다.

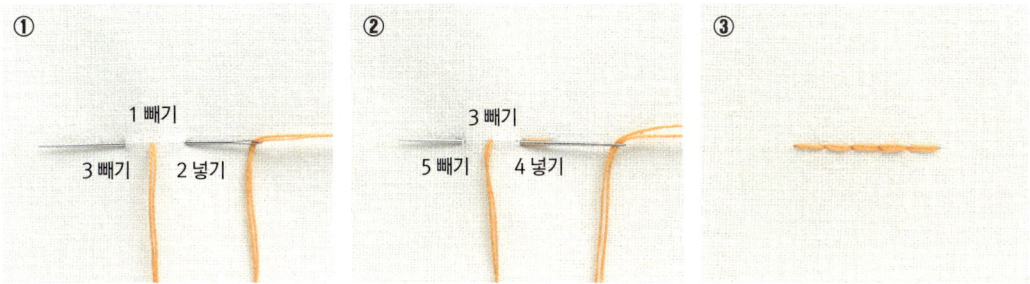

러닝 스티치 Running Stitch

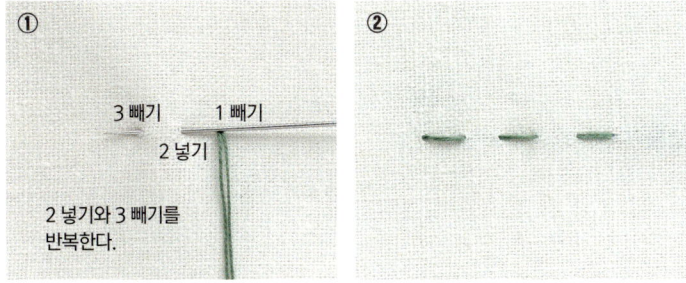

스트레이트 스티치 Straight Stitch

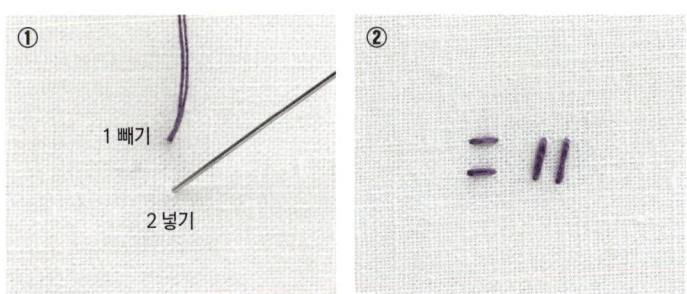

레이지 데이지 스티치 Lazy-daisy Stitch

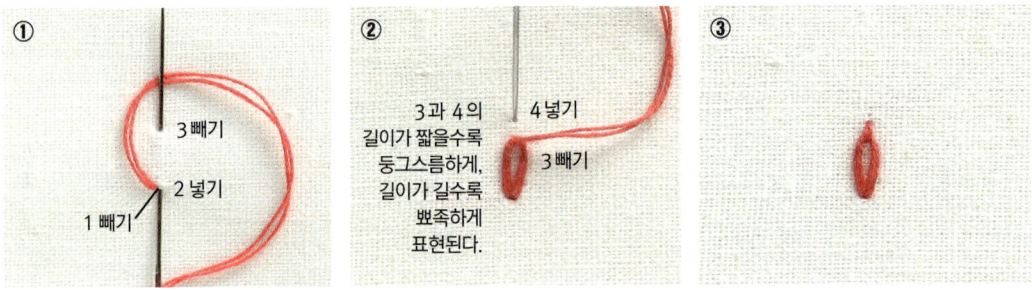

① 3 빼기 / 2 넣기 / 1 빼기

② 3과 4의 길이가 짧을수록 둥그스름하게, 길이가 길수록 뾰족하게 표현된다. / 4 넣기 / 3 빼기

③

레이지 데이지 스티치 + 스트레이트 스티치 Lazy-daisy Stitch + Straight Stitch

꽃잎이나 잎을 볼륨감 있게 수놓을 때 사용합니다. 실을 너무 당기지 않도록 주의합니다.

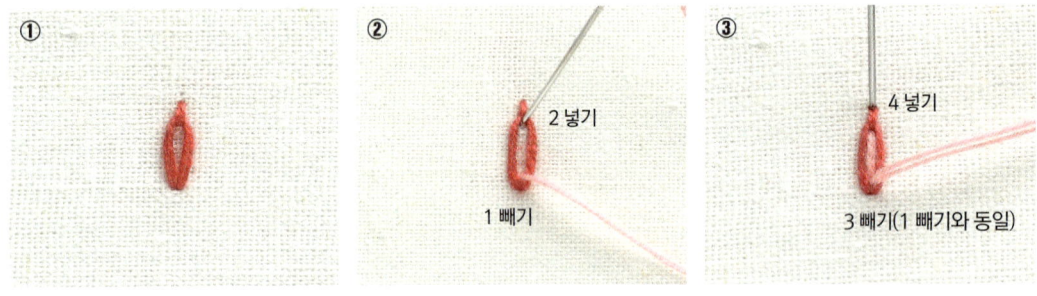

①

② 2 넣기 / 1 빼기

③ 4 넣기 / 3 빼기(1 빼기와 동일)

① 레이지 데이지 스티치를 합니다.

② 모양을 잡아가며 스트레이트 스티치를 2~3회 반복합니다.

③ 1 빼기 한 곳에서 실을 빼서 바깥쪽으로 스트레이트 스티치를 한 번 더 해주면 볼륨감 있게 수놓아집니다.

· 봄까치꽃, 청보리, 라벤더에 이 스티치를 사용할 때는 레이지 데이지 스티치를 한 후 도안의 모양에 맞춰가면서 안쪽에만 여러 번 스트레이트 스티치를 하여 완성합니다.

플라이 스티치 Fly Stitch

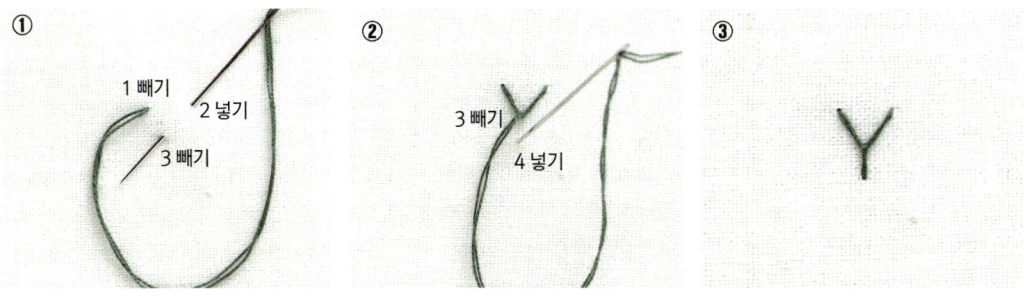

① 1 빼기 / 2 넣기 / 3 빼기

② 3 빼기 / 4 넣기

③

리프 스티치 Leaf Stitch

① 1 빼기 / 2 넣기

② 3 빼기 / 4 넣기 / 5 빼기 / 6 넣기

③

새틴 스티치 Satin Stitch

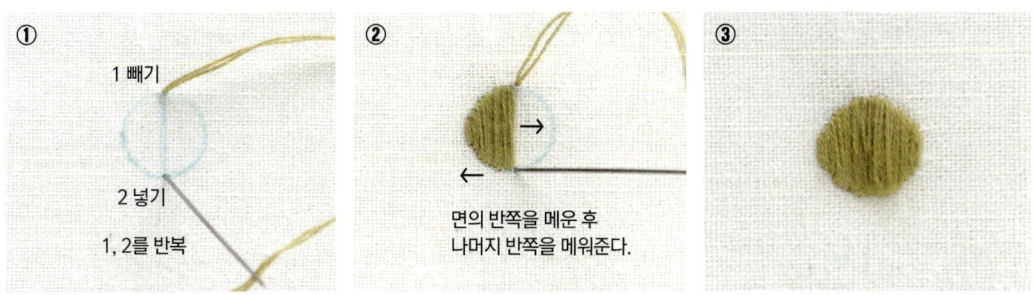

① 1 빼기 / 2 넣기 / 1, 2를 반복

② 면의 반쪽을 메운 후
나머지 반쪽을 메워준다.

③

캐스트 온 스티치 Cast on Stitch

꽃잎이나 잎 등을 입체적으로 수놓을 때 사용합니다. 이 책에서는 무스카리, 맨드라미, 은방울꽃을 표현할 때 사용하였습니다. 바늘땀의 길이가 짧을수록 둥글게 완성됩니다.

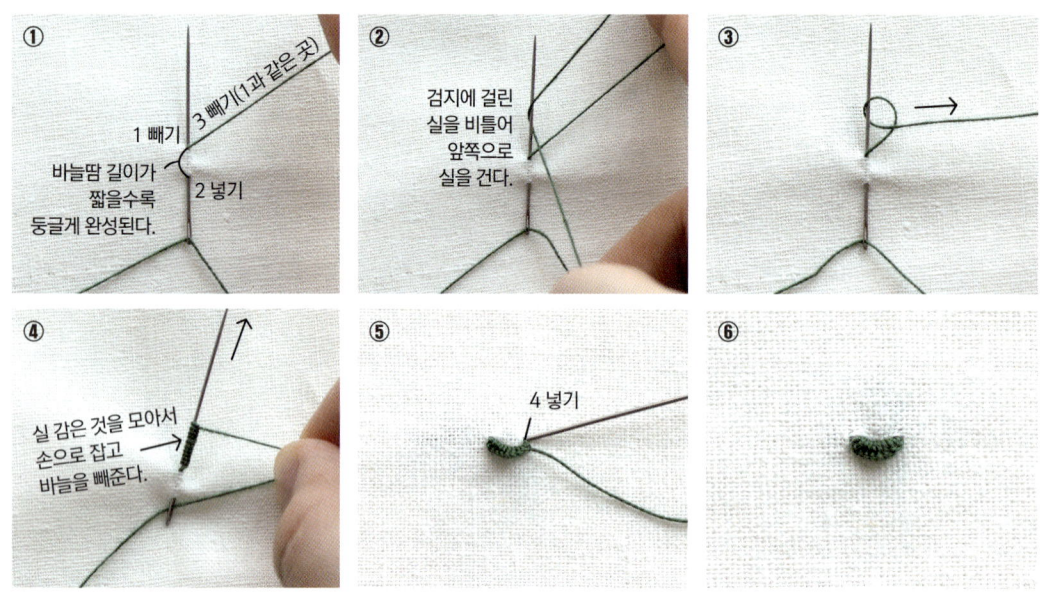

카우치트 트렐리스 스티치 Couched trellis Stitch

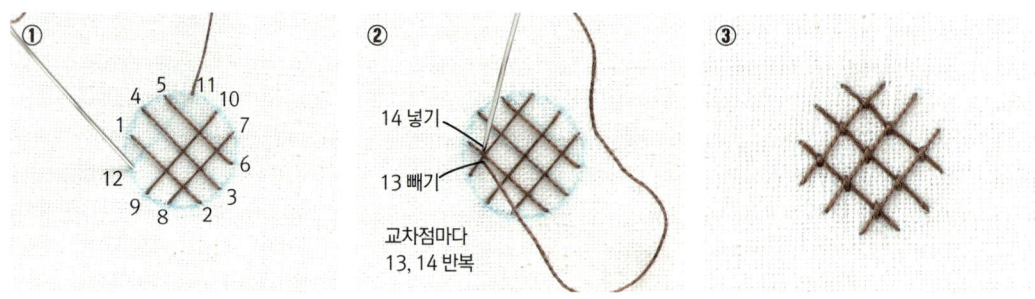

바스켓 스티치 Basket Stitch

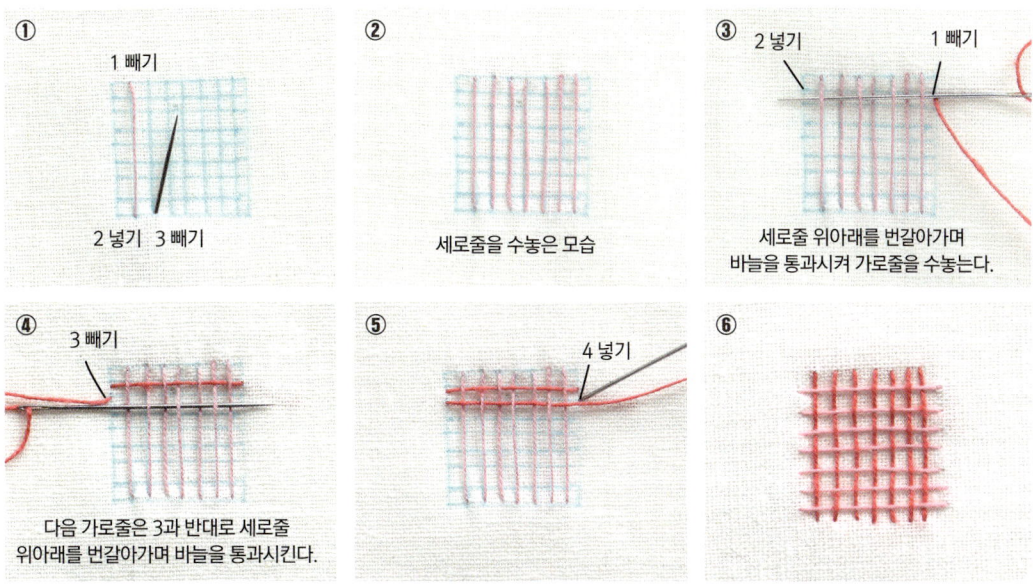

① 1 빼기
2 넣기 3 빼기

② 세로줄을 수놓은 모습

③ 2 넣기   1 빼기
세로줄 위아래를 번갈아가며 바늘을 통과시켜 가로줄을 수놓는다.

④ 3 빼기
다음 가로줄은 3과 반대로 세로줄 위아래를 번갈아가며 바늘을 통과시킨다.

⑤ 4 넣기

⑥

프렌치 노트 스티치 French knot Stitch

기본으로 2번 감으며 굵기 조절은 실 가닥 수를 늘려 조절합니다.

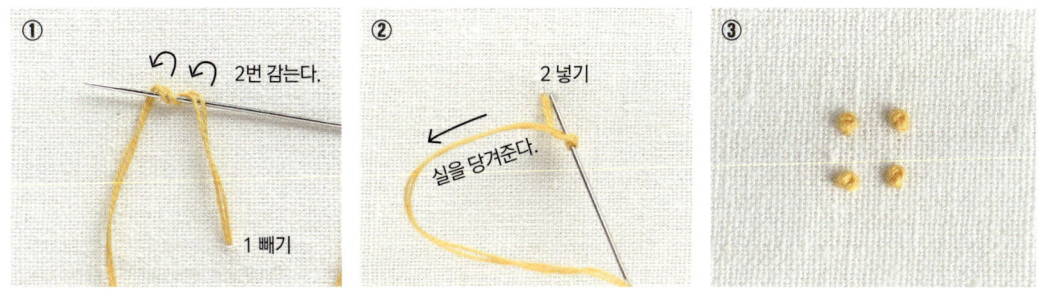

① 2번 감는다.
1 빼기

② 2 넣기
실을 당겨준다.

③

BASIC 4.

작품 만들기 TIP

접착심지 붙이기

접착심지와 펠트를 완성된 자수 뒷면에 붙어 단단하게 만든 다음 오려냅니다. 사용하는 재료에 따라 브로 치나 마그넷, 머리핀 등 다양한 소품으로 활용할 수 있습니다.

1 수놓은 원단(5×6cm), 가방 접착심지(5×6cm) 2T, 양면 접착심지(5×6cm), 1.2mm 하드 펠트(5×6cm), 가위, 다리미를 준비합니다.

2 자수의 뒷면에 가방 접착심지의 접착 면을 대고 다려줍 니다. 이때 접착심지가 녹아 다리미에 달라붙지 않도록 천을 대고 다리미로 눌러줍니다.

3 양면 접착심지와 하드 펠트를 같이 대고 마찬가지로 원단을 대고 다리미로 꾹꾹 눌러줍니다.

4 골고루 접착이 잘 되도록 자수 윤곽을 따라 다리미로 꾹꾹 잘 눌러줍니다.

5 자수 완성선에서 약 0.2~0.3cm 정도의 여분을 남기고 가위로 잘라냅니다. 이때 자르는 선은 따로 그리지 않고 잘라내야 깔끔하게 완성됩니다.

6 잘라낸 후 가장자리에 올풀림 방지액을 살짝 발라줍니다.

· 작품을 완성할 때 재료는 이 책에 표기되어 있는 것보다 간결하고 다양하게 사용할 수 있습니다.

· 수놓은 원단과 가방 접착심지 또는 수놓은 원단과 양면 접착 심지, 하드 펠트로만 완성해도 좋습니다. 이때 하드 펠트 대신 수놓은 원단과 같은 색의 원단을 사용해도 좋습니다.

· 접착심지를 붙일 때 다리미를 밀지 말고 꾹꾹 누른다는 느낌으로 붙여줍니다. 보통 다림질하는 것처럼 밀어주면 접착솜이 늘어나거나 접착솜이 밀려 제대로 접착되지 않을 수도 있습니다.

꽃꽂이용 꽃 만들기

준비물 마감 처리한 꽃자수, 와이어 끈, 마스킹테이프

1 마스킹 테이프와 와이어 끈을 준비합니다.

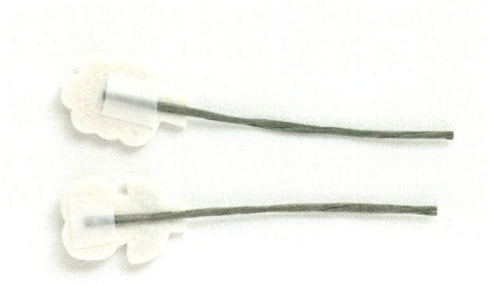

2 접착심지와 펠트로 뒤처리한 자수 뒤에 마스킹테이프로
와이어 끈을 붙여줍니다.

3 완성

· 다양한 길이의 꽃을 만들고 싶을 때
  와이어 끈을 가위로 자르거나 끈을 자르기가 싫을 때는 와이어 끈을 작품의 상단에 부착하거나 아래에 부착하는 것으로 길
  이를 조절할 수 있습니다.

BASIC 5.

도안 보는 법

이 책에서는 덴마크 꽃실을 사용하였습니다.

1. s는 '스티치'의 약자입니다.

2. 스티치 → 실 번호 → 실 가닥 수 순서로 표기하였습니다.
   예시) 아우트라인s 29(2) : 29번실 2가닥으로 아우트라인 스티치를 합니다.
        실 가닥 수가 표기되어 있지 않은 곳은 1가닥의 실을 사용합니다.

3. 한 가지 도안에서 중복되는 스티치는 실 번호만 기재하였습니다.

4. 도안의 사선 부분은 새틴 스티치의 수놓는 방향입니다.

5. 도안은 실물 크기입니다.
   곤충이나 새, 나뭇잎을 제외하고는 대부분 같은 크기로 가로×세로=2.2×3.8cm입니다.
   실의 장력이나 원단의 특성에 따라 완성 크기는 달라질 수도 있습니다.

6. 줄기 → 잎 → 꽃 순서로 수를 놓습니다.

7. 꽃은 꽃잎의 윤곽선을 먼저 수놓고 안쪽을 메워줍니다.
   따로 표기된 내용이 없다면 대체로 꽃잎 윤곽선 → 꽃잎 메우기 → 꽃술 순으로 수놓습니다.

수다 프로젝트

봄

3~5월

SPRING

앙상한 나뭇가지에 새순이 돋고 추위에 얼어 있던
땅이 녹을 때 즈음 연둣빛 새싹이 자라나고
쓸쓸하게만 느껴지던 동네 공원의 꽃밭에도
알록달록 예쁜 꽃들이 피어납니다.

따사로운 햇살을 맞으며 작고 귀여운 풀꽃들을
만나러 가는 길은 언제나 설레는 일입니다.

일상에서 흔히 볼 수 있는 봄꽃들을 손끝에 봄의
향기를 가득 담아 동글동글 귀엽게 수놓아보세요.

어느새 우리의 마음도
따사로운 봄기운으로 가득 차게 될 거예요.

SPRING

봄이 오면

은은한 향기와 함께 피어나는 무스카리와 히아신스, 유치원
울타리에 피어나는 노란 개나리꽃. 유심히 보지 않으면 그냥
지나칠 만큼 작은 봄까치꽃, 우아한 함박꽃, 수수한 매력의
찔레꽃, 들판에 일렁이는 청보리, 동글동글한 노란꽃 크라스
페디아, 익숙한 향의 라벤다 등 봄에 자주 만나는 꽃들을 수
놓았습니다.

히아신스
Hyacinth

사용한 실 》 덴마크 꽃실 9, 40, 86, 727

사용한 스티치 》 스트레이트 스티치, 아우트라인 스티치, 체인 스티치

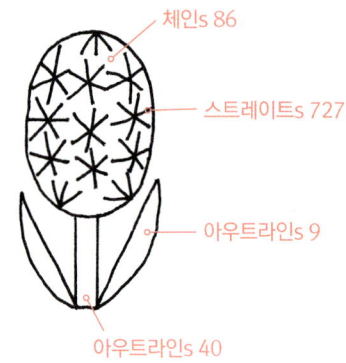

체인s 86

스트레이트s 727

아우트라인 9

아우트라인s 40

수선화
Daffodil

사용한 실 》 덴마크 꽃실 48, 238, 504, 711, 724

사용한 스티치 》 새틴 스티치, 아우트라인 스티치, 체인 스티치, 프렌치 노트 스티치

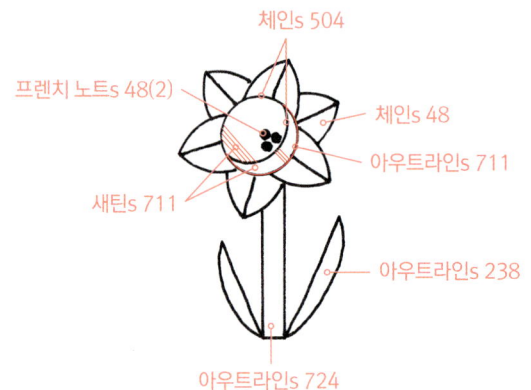

체인s 504

프렌치 노트s 48(2)

체인s 48

아우트라인s 711

새틴s 711

아우트라인s 238

아우트라인s 724

튤립

Tulip

사용한 실 》 덴마크 꽃실 2, 9, 40, 86

사용한 스티치 》 아우트라인 스티치, 체인 스티치

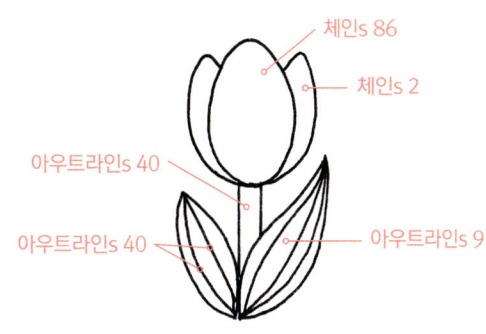

체인s 86

체인s 2

아우트라인s 40

아우트라인s 40

아우트라인s 9

무스카리

Muscari

사용한 실 》 덴마크 꽃실 17, 40, 724, 727

사용한 스티치 》 아우트라인 스티치, 체인 스티치, 캐스트 온 스티치

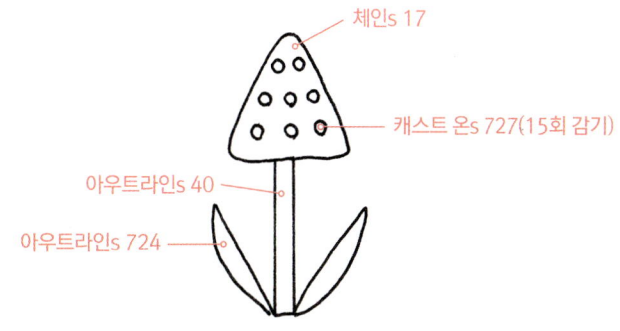

체인s 17

캐스트 온s 727(15회 감기)

아우트라인s 40

아우트라인s 724

개나리
Forsythia

사용한 실 》 덴마크 꽃실 9, 48, 223, 716

사용한 스티치 》 레이지 데이지 스티치+스트레이트 스티치, 백 스티치,
아우트라인 스티치, 체인 스티치, 프렌치 노트 스티치

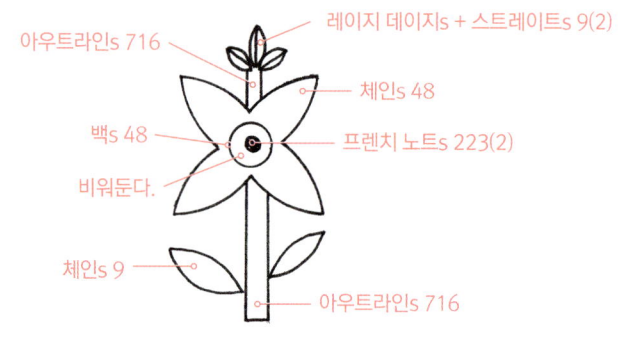

아우트라인s 716
레이지 데이지s + 스트레이트s 9(2)
체인s 48
백s 48
프렌치 노트s 223(2)
비워둔다.
체인s 9
아우트라인s 716

모란
Peony

사용한 실 》 덴마크 꽃실 9, 10, 46, 97, 717

사용한 스티치 》 레이지 데이지 스티치+스트레이트 스티치, 아우트라인 스티치,
체인 스티치, 프렌치 노트 스티치

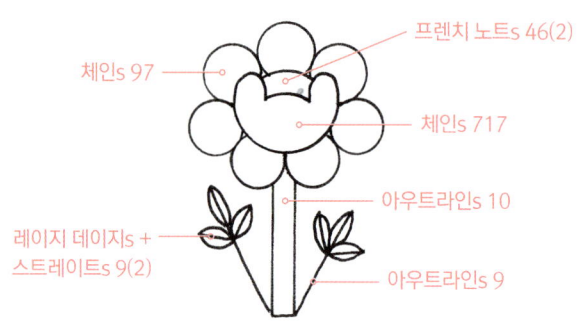

프렌치 노트s 46(2)
체인s 97
체인s 717
아우트라인s 10
레이지 데이지s + 스트레이트s 9(2)
아우트라인s 9

함박꽃나무
Magnolia

사용한 실 》 덴마크 꽃실 8, 14, 31, 48, 720, 727

사용한 스티치 》 백 스티치, 새틴 스티치, 아우트라인 스티치, 체인 스티치

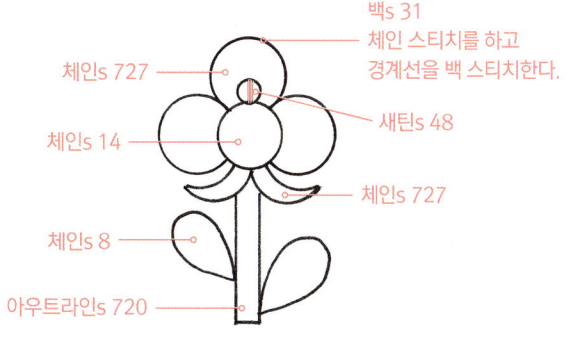

백s 31
체인 스티치를 하고
경계선을 백 스티치한다.

체인s 727

새틴s 48

체인s 14

체인s 727

체인s 8

아우트라인s 720

찔레
Wild rose

사용한 실 》 덴마크 꽃실 8, 40, 48, 69, 86, 223, 727

사용한 스티치 》 스트레이트 스티치, 아우트라인 스티치, 체인 스티치,
프렌치 노트 스티치

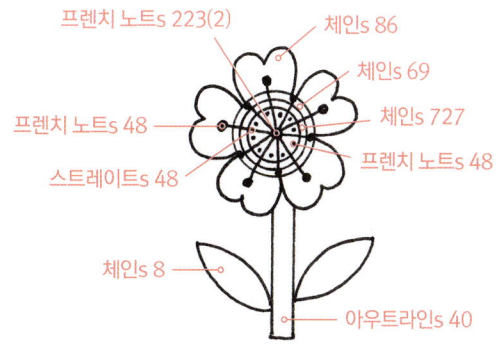

프렌치 노트s 223(2)

체인s 86

체인s 69

프렌치 노트s 48

체인s 727

스트레이트s 48

프렌치 노트s 48

체인s 8

아우트라인s 40

수수꽃다리
Korean early lilac

사용한 실 》 덴마크 꽃실 8, 27, 69, 86, 147, 705, 727

사용한 스티치 》 스트레이트 스티치, 아웃라인 스티치, 체인 스티치, 프렌치 노트 스티치

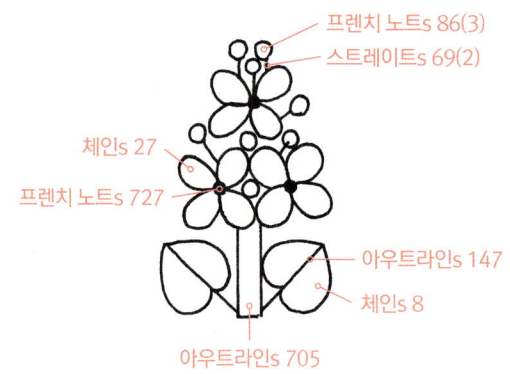

프렌치 노트s 86(3)
스트레이트s 69(2)
체인s 27
프렌치 노트s 727
아웃라인s 147
체인s 8
아웃라인s 705

봄까치꽃
Bird's eye

사용한 실 》 덴마크 꽃실 10, 17, 40, 206, 304, 727

사용한 스티치 》 러닝 스티치, 레이지 데이지 스티치+스트레이트 스티치, 새틴 스티치, 스트레이트 스티치, 아웃라인 스티치, 체인 스티치, 프렌치 노트 스티치

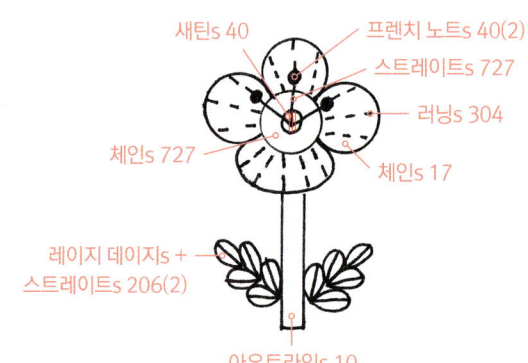

새틴s 40
프렌치 노트s 40(2)
스트레이트s 727
러닝s 304
체인s 727
체인s 17
레이지 데이지s +
스트레이트s 206(2)
아웃라인s 10

명자나무 꽃
Japanese Quince

사용한 실 》 덴마크 꽃실 9, 48, 97, 216, 500, 727

사용한 스티치 》 새틴 스티치, 스트레이트 스티치, 아우트라인 스티치, 체인 스티치, 프렌치 노트 스티치

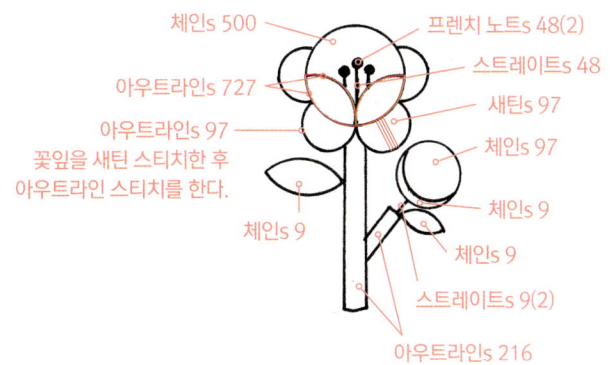

체인s 500
프렌치 노트s 48(2)
아우트라인 727
스트레이트s 48
아우트라인s 97
새틴 97
꽃잎을 새틴 스티치한 후
아우트라인 스티치를 한다.
체인s 97
체인s 9
체인s 9
체인s 9
스트레이트s 9(2)
아우트라인s 216

민들레
Dandelion

사용한 실 》 덴마크 꽃실 48, 206, 216, 223, 238

사용한 스티치 》 새틴 스티치, 스트레이트 스티치, 체인 스티치

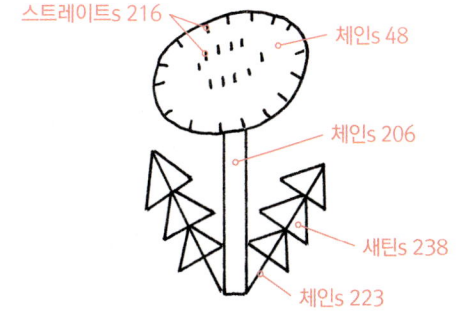

스트레이트s 216
체인s 48
체인s 206
새틴s 238
체인s 223

꽃양귀비
Poppy

사용한 실 》》 덴마크 꽃실 8, 29, 40, 97, 506

사용한 스티치 》》 백 스티치, 새틴 스티치, 스트레이트 스티치,
아우트라인 스티치, 체인 스티치, 프렌치 노트 스티치

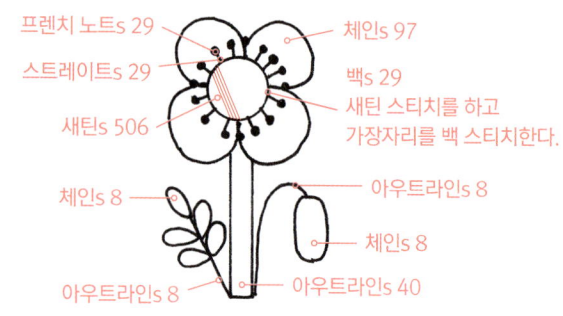

프렌치 노트s 29

스트레이트s 29

새틴s 506

체인s 8

아우트라인s 8

체인s 97

백s 29

새틴 스티치를 하고
가장자리를 백 스티치한다.

아우트라인s 8

체인s 8

아우트라인s 40

청보리
Forage barley

사용한 실 》》 덴마크 꽃실 8, 10, 238

사용한 스티치 》》 레이지 데이지 스티치+스트레이트 스티치, 스트레이트 스티치,
아우트라인 스티치

스트레이트s 238(2)

스트레이트s 238

레이지 데이지s + 스트레이트s10(2)
레이지 데이지 스티치를 한 후 알갱이
모양을 살리면서 2~3번
스트레이트 스티치를 한다.

아우트라인s 238

아우트라인s 8

크라스페디아(골든볼)
Craspedia

사용한 실 》 덴마크 꽃실 46, 223

사용한 스티치 》 바스켓 스티치, 아우트라인 스티치

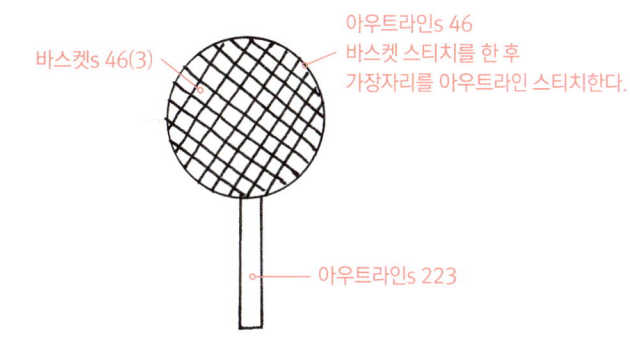

바스켓s 46(3)

아우트라인s 46
바스켓 스티치를 한 후
가장자리를 아우트라인 스티치한다.

아우트라인s 223

라벤더
Lavender

사용한 실 》 덴마크 꽃실 5, 9, 10

사용한 스티치 》 레이지 데이지 스티치+스트레이트 스티치, 아우트라인 스티치

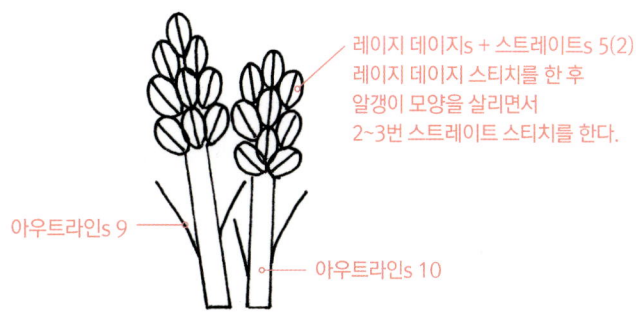

레이지 데이지s + 스트레이트s 5(2)
레이지 데이지 스티치를 한 후
알갱이 모양을 살리면서
2~3번 스트레이트 스티치를 한다.

아우트라인s 9

아우트라인s 10

봄 꽃다발

。
좋아하는 꽃들을 수놓은 후 오려서 꽃다발을 만들어보세요.
꽃다발 뒷면에 브로치나 마그넷을 부착하여 소품으로도
활용하기 좋습니다.

만드는 법

준비물 》》 연그레이색 하드 펠트 1.2mm, 마 끈 20cm, 덴마크 꽃실 707번

1_ ① 위에 ②를 올려 점선으로 표시된 부분을 바느질(덴마크 꽃실 707번 사용)하여 고정시킵니다.

2_ 펠트의 잘록한 부분에 마 끈으로 리본을 묶어줍니다.

3_ 완성된 꽃다발에 오려낸 꽃을 꽂아줍니다.

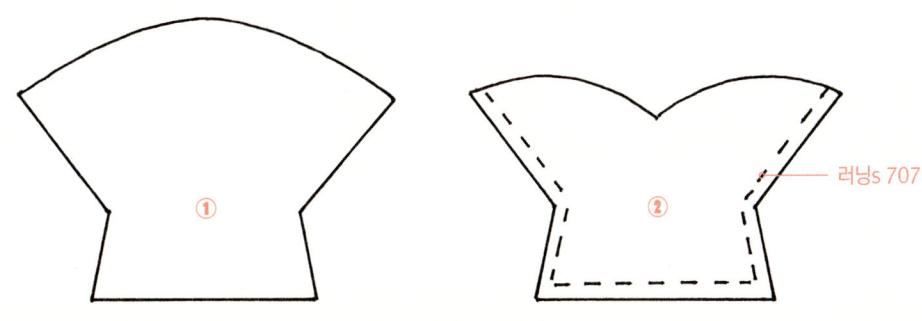

러닝s 707

Daffodil

수선화

이른 봄 이웃집 화분에 수선화가 피었어요.

수선화는 꽃잎의 안쪽에 또 다른 색깔의 둥근 꽃잎을 갖고 있는 것

이 특징이에요. 둥근 꽃잎 때문에 옹기종기 모여 있는 수선화 꽃들

이 입을 삐죽이 내밀고 대화하는 것처럼 보이기도 합니다.

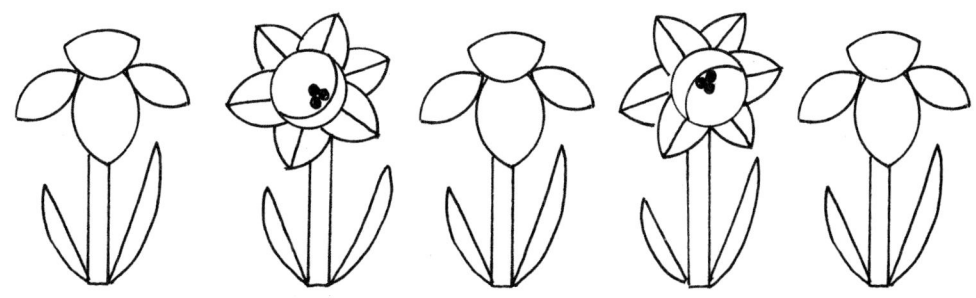

사용한 원단 》 워싱 린넨 11수 아이보리

사용한 실 》 덴마크 꽃실 48, 53, 238, 711, 724

사용한 스티치 》 새틴 스티치, 아우트라인 스티치, 체인 스티치, 프렌치 노트 스티치

수놓기 》 꽃잎 안의 작은 꽃을 수놓을 때는 새틴 스티치를 한 후 아우트라인 스티치, 체인 스티치
순으로 수놓습니다.

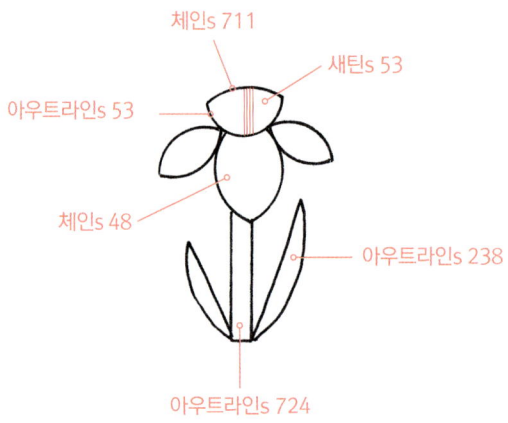

체인s 711
새틴s 53
아우트라인s 53
체인s 48
아우트라인s 238
아우트라인s 724

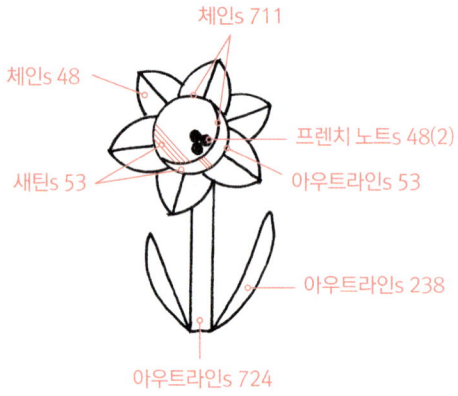

체인s 711
체인s 48
프렌치 노트s 48(2)
새틴s 53
아우트라인s 53
아우트라인s 238
아우트라인s 724

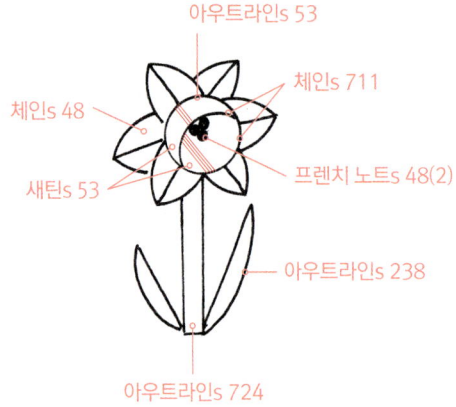

아우트라인s 53
체인s 711
체인s 48
새틴s 53
프렌치 노트s 48(2)
아우트라인s 238
아우트라인s 724

사용한 원단 》 워싱 면 연두색

사용한 실 》 덴마크 꽃실 727(꽃잎), 나머지는 도안에 표기된 색상과 동일

Tulip

튤립

튤립의 색상은 다양하지만 그중 분홍빛 튤립을 좋아합니다.
낮에는 하늘을 향해 활짝 피었다가 해질 무렵 서서히 꽃잎이 닫히
기 시작해 밤에는 동글동글 귀여운 꽃봉오리가 되어요.

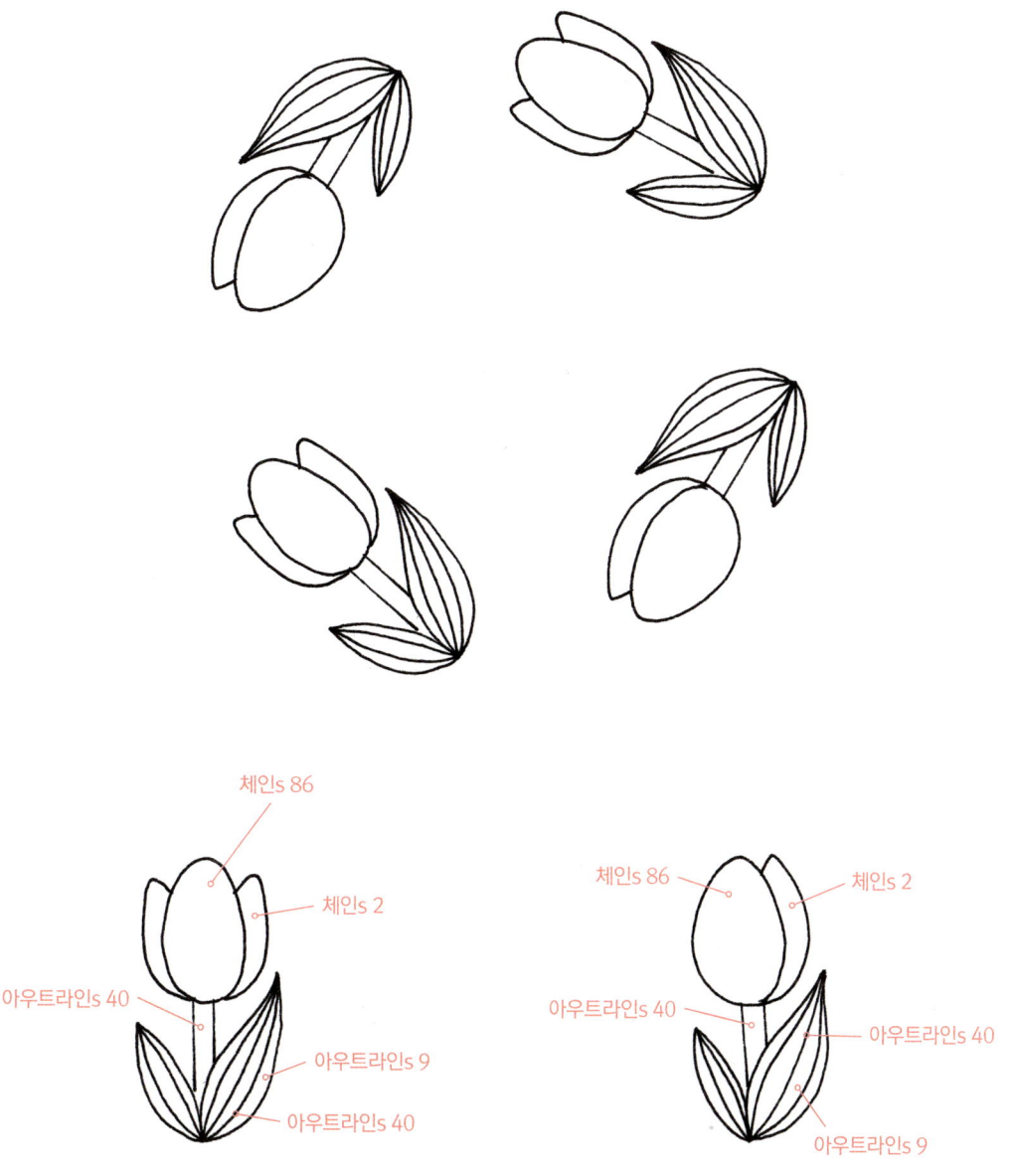

체인s 86

체인s 2

아우트라인s 40

아우트라인s 9

아우트라인s 40

체인s 86

체인s 2

아우트라인s 40

아우트라인s 40

아우트라인s 9

사용한 원단 》 워싱 린넨 11수 아이보리

사용한 실 》 덴마크 꽃실 2, 9, 40, 86

사용한 스티치 》 아우트라인 스티치, 체인 스티치

Poppy

꽃양귀비

미술관 앞 화단에는 봄이 되면 양귀비꽃이 가득 피어요.
바람에 흩날리는 양귀비의 옆모습은 꼭 요정의 치마 같아요. 꽃잎
이 다 떨어지고 동그랗게 남은 꽃대조차 멋스럽답니다. 흐드러지게
핀 양귀비 꽃밭에 서 있으면 몽환적인 분위기에 매료된답니다.

사용한 원단 》 워싱 린넨 11수 아이보리

사용한 실 》 덴마크 꽃실 8, 29, 40, 97, 504, 506, 717

사용한 스티치 》 백 스티치, 새틴 스티치, 스트레이트 스티치, 아우트라인 스티치, 체인 스티치,
　　　　　　　　　프렌치 노트 스티치

기타 재료 》 1.2mm 하드 펠트, 양면 접착심지, 가방 접착심지 2T, 올풀림 방지액

수놓기 》 꽃잎을 수놓고 가운데 새틴 스티치를 한 후 가장자리에 백 스티치를 합니다.

프렌치 노트s 29

백s 29
새틴 스티치를 한 후
가장자리를 백 스티치한다.

스트레이트s 29

체인s 504

새틴s 506

아우트라인s 8

체인s 8

체인s 8

아우트라인s 8

아우트라인s 40

아우트라인s 717

체인s 97

체인s 97

스트레이트s 717(2)

체인s 8

체인s 8

아우트라인s 8

아우트라인s 8

아우트라인s 40

체인s 506

백s 29

프렌치 노트s 29

체인s 8

체인s 8

아우트라인s 8

아우트라인s 8

아우트라인s 8

프렌치 노트s 29

백s 29
새틴 스티치를 한 후
가장자리를 백 스티치한다.

스트레이트s 29

새틴s 506

체인s 97

아우트라인s 8

체인s 8

체인s 8

아우트라인s 8

아우트라인s 40

Dandelion

민들레

봄에만 볼 수 있는 토종 민들레를 수놓아보았어요.
꽃받침이 아래를 향해 뻗어 있다면 서양 민들레, 위로 향해 있다면
토종 민들레랍니다.
민들레꽃이 진 자리에는 깃털 캡슐이 생긴답니다. 깃털 속 작은 씨
앗은 바람을 타고 날아가 새로 태어납니다.

사용한 원단 ⋙ 워싱 면 갈색 / 워싱 면 밝은 파랑, 워싱 린넨 11수 페르시안 블루

사용한 실 ⋙ 덴마크 꽃실 26, 48, 206, 216, 223, 238, 727

사용한 스티치 ⋙ 러닝 스티치, 새틴 스티치, 스트레이트 스티치, 체인 스티치

스트레이트s 216
체인s 48
스트레이트s 223
체인s 206
체인s 206
새틴s 238
체인s 223

스트레이트s 216
체인s 727
727
727
727
727
스트레이트s 216(2)
체인s 26
스트레이트s 216(2)

* 색상 번호만 표기된 곳은
스트레이트 스티치입니다.

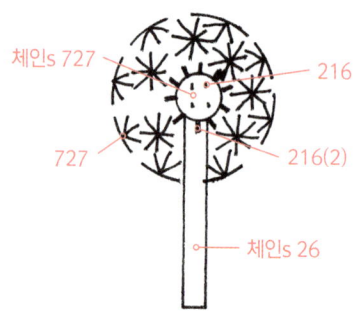

체인s 727
216
727
216(2)
체인s 26

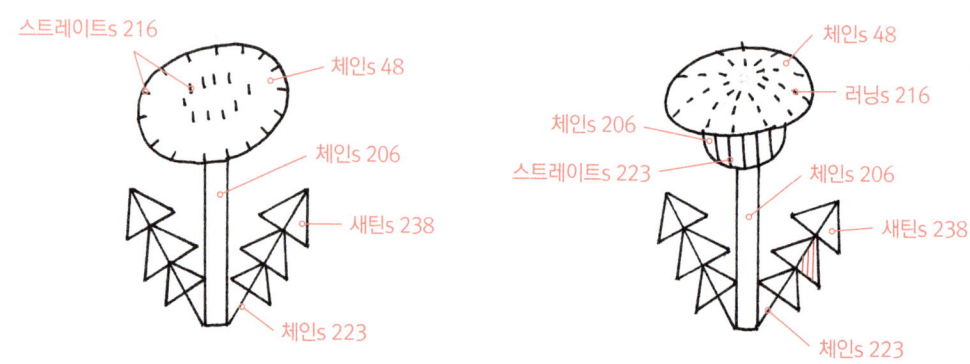

스트레이트s 216
체인s 48
체인s 206
새틴s 238
체인s 223

체인s 48
러닝s 216
체인s 206
스트레이트s 223
체인s 206
새틴s 238
체인s 223

Japanese Quince

명자나무 꽃

4월이 되면 어김없이 명자꽃이 피어납니다.
무성한 초록빛 잎사귀 사이로 빨갛고 작은 꽃망울이 고개를 삐죽이
내밉니다. 수줍게 꽃이 피는 모습 때문인지 아가씨 꽃이라고도 불
려요.

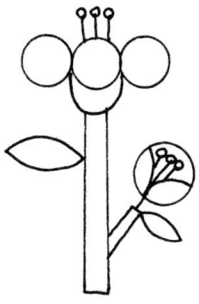

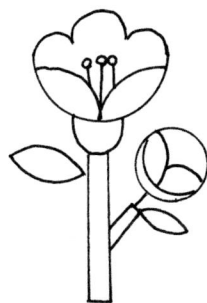

사용한 원단 ≫ 워싱 린넨 11수 아이보리

사용한 실 ≫ 덴마크 꽃실 9, 48, 97, 216, 500, 727

사용한 스티치 ≫ 새틴 스티치, 스트레이트 스티치, 아우트라인 스티치, 체인 스티치,
　　　　　　　　프렌치 노트 스티치

기타 재료 ≫ 1.2mm 하드 펠트, 양면 접착심지, 가방 접착심지 2T, 올풀림 방지액

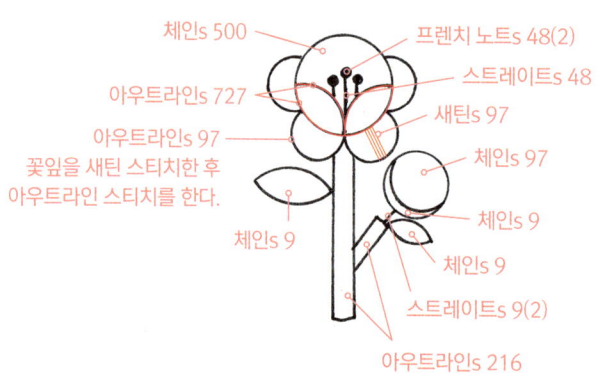

체인s 500

프렌치 노트s 48(2)

아우트라인s 727

스트레이트s 48

아우트라인s 97
꽃잎을 새틴 스티치한 후
아우트라인 스티치를 한다.

새틴s 97

체인s 97

체인s 9

체인s 9

체인s 9

스트레이트s 9(2)

아우트라인s 216

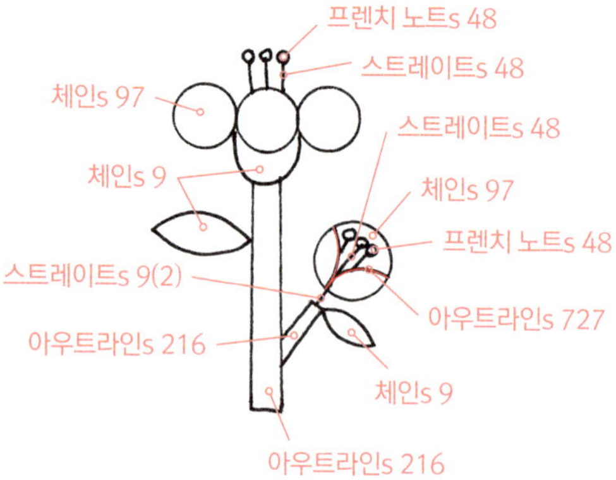

프렌치 노트s 48

스트레이트s 48

체인s 97

스트레이트s 48

체인s 9

체인s 97

스트레이트s 9(2)

프렌치 노트s 48

아우트라인s 216

아우트라인s 727

체인s 9

아우트라인s 216

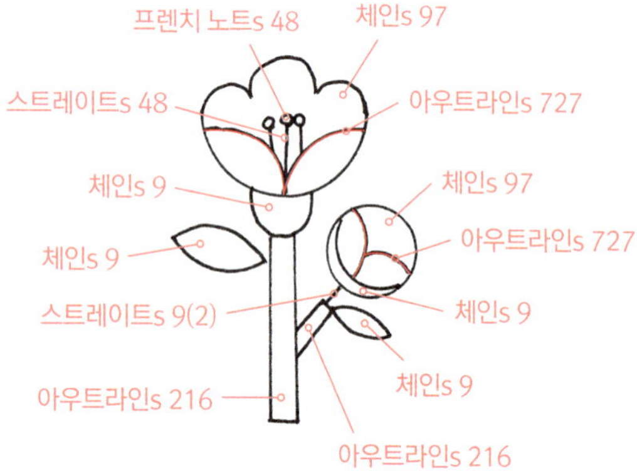

프렌치 노트s 48

체인s 97

스트레이트s 48

아우트라인s 727

체인s 9

체인s 97

체인s 9

아우트라인s 727

스트레이트s 9(2)

체인s 9

아우트라인s 216

체인s 9

아우트라인s 216

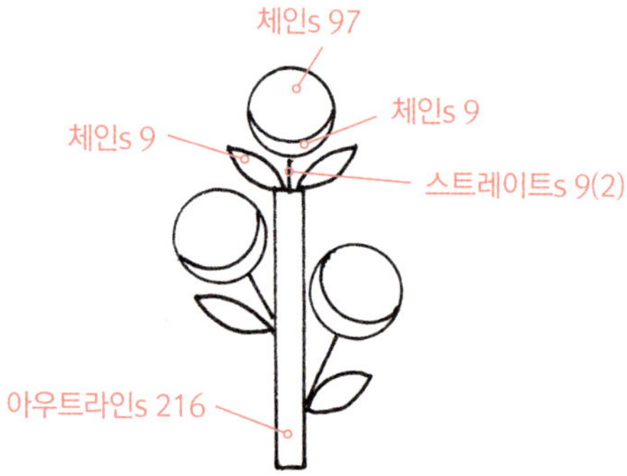

체인s 97

체인s 9

체인s 9

스트레이트s 9(2)

아우트라인s 216

Korean early lilac

수수꽃다리

은은한 꽃향기를 따라가자 그 끝엔 내 키만큼 자란 나무에 향기 좋은
꽃들이 피어 있었어요. 라일락이라는 이름이 더 익숙하지만, 수수꽃
다리라는 우리말이 더 정겹게 느껴집니다. 은은하고 달콤한 향기, 하
트 모양의 잎사귀 때문인지 '첫사랑'이라는 꽃말이 잘 어울려요

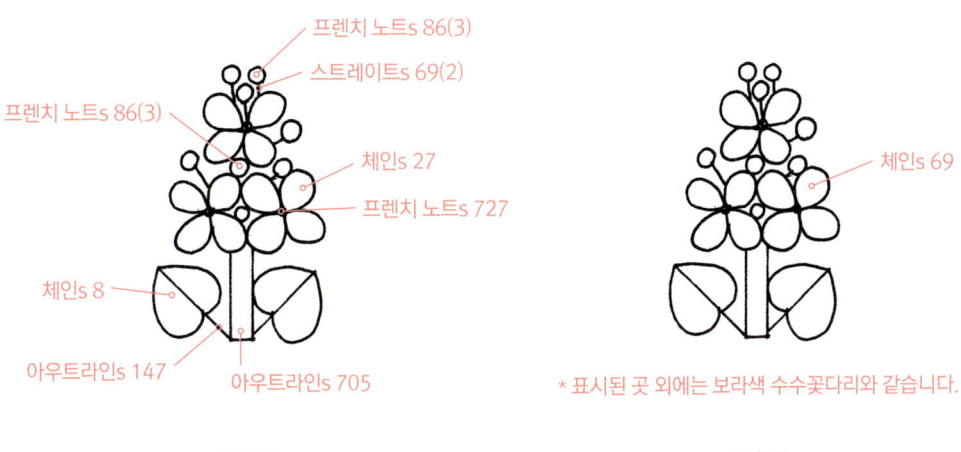

프렌치 노트s 86(3)

스트레이트s 69(2)

프렌치 노트s 86(3)

체인s 27

프렌치 노트s 727

체인s 8

아우트라인s 147

아우트라인s 705

체인s 69

* 표시된 곳 외에는 보라색 수수꽃다리와 같습니다.

보라색

분홍색

사용한 원단 ≫ 워싱 린넨 11수 아이보리

사용한 실 ≫ 덴마크 꽃실 8, 27, 69, 86, 147, 705, 727

사용한 스티치 ≫ 스트레이트 스티치, 아우트라인 스티치, 체인 스티치, 프렌치 노트 스티치

기타 재료 ≫ 1.2mm 하드 펠트, 양면 접착심지, 가방 접착심지 2T, 올풀림 방지액

Butterfly

나비

알록달록 예쁜 꽃밭에 나비들이 사뿐히 내려앉았어요. 놀라지 않게
조용히 다가가 팔랑거리는 나비의 모습을 흥미롭게 바라보았어요.
간결한 느낌으로 3가지 모양의 나비를 수놓았습니다. 같은 모양의
나비를 완성선만 수놓거나 면을 채워보세요. 같은 모양이지만 새로
운 느낌의 나비가 된답니다.

사용한 원단 》 워싱 린넨 11수 아이보리

사용한 실 》 덴마크 꽃실 220, 727

사용한 스티치 》 새틴 스티치, 스트레이트 스티치, 아우트라인 스티치, 체인 스티치,
프렌치 노트 스티치

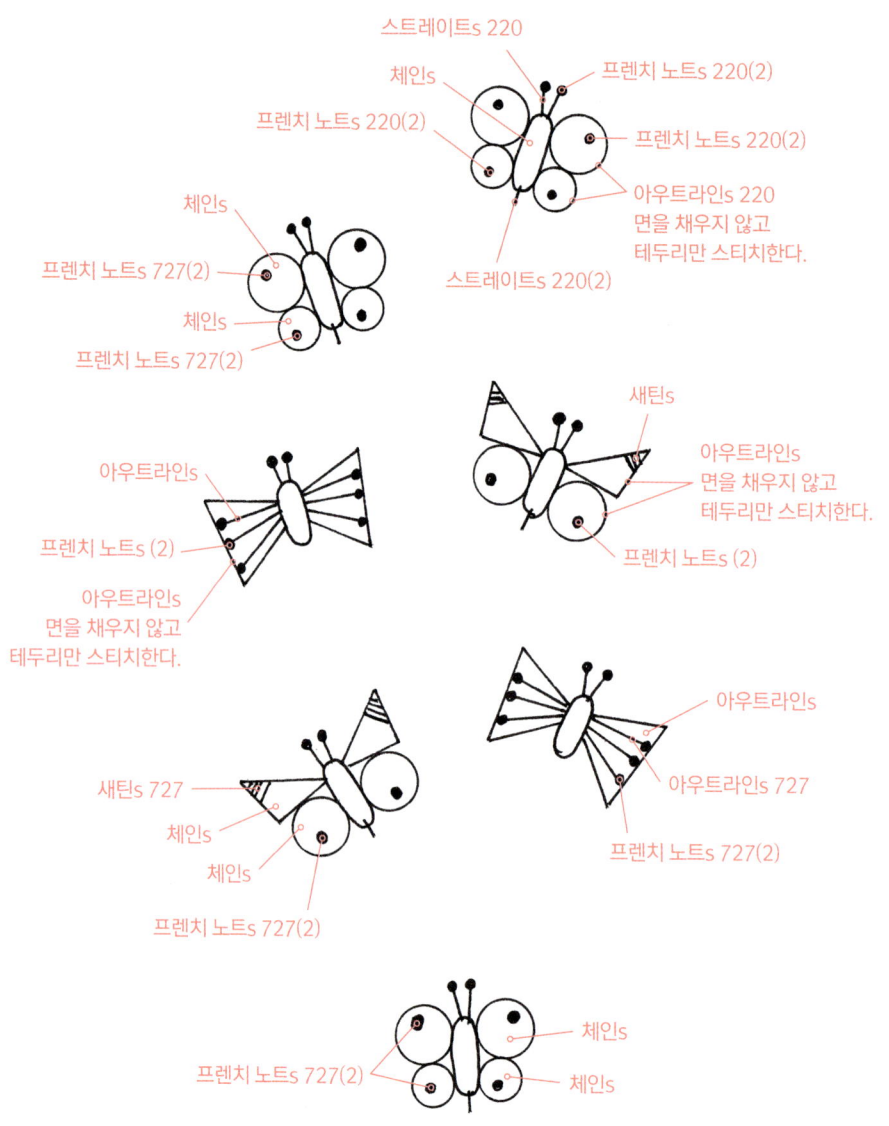

스트레이트s 220

체인s

프렌치 노트s 220(2)

프렌치 노트s 220(2)

프렌치 노트s 220(2)

아웃라인s 220
면을 채우지 않고
테두리만 스티치한다.

스트레이트s 220(2)

체인s

프렌치 노트s 727(2)

체인s

프렌치 노트s 727(2)

새틴s

아웃라인s
면을 채우지 않고
테두리만 스티치한다.

프렌치 노트s (2)

아웃라인s

프렌치 노트s (2)

아웃라인s
면을 채우지 않고
테두리만 스티치한다.

아웃라인s

아웃라인s 727

프렌치 노트s 727(2)

새틴s 727

체인s

체인s

프렌치 노트s 727(2)

체인s

체인s

프렌치 노트s 727(2)

* 모든 나비의 더듬이와 몸통은 스티치와 실 번호가 동일합니다.
* 실 번호가 기재되지 않은 곳은 220번 실 사용했습니다.

사용한 원단 ≫ 면 노란색, 올리브색

사용한 원단 ≫ 빨간색 양말
사용한 실 ≫ 덴마크 꽃실 727

Peonies and butterflies

모란과 나비

탐스러운 모란꽃이 뭉게구름처럼 피어 있어요. 커다란 꽃잎 위에
나비가 앉은 모습이 마치 한 폭의 그림 같아요. 꽃이 아주 크고 화려
해서 꽃 중의 왕이라는 별명을 가지고 있지요.

사용한 원단 》 워싱 린넨 11수 아이보리

사용한 실 》 덴마크 꽃실 9, 10, 46, 53, 205, 503, 712

사용한 스티치 》 레이지 데이지 스티치+스트레이트 스티치, 아웃라인 스티치, 체인 스티치, 프렌치 노트 스티치

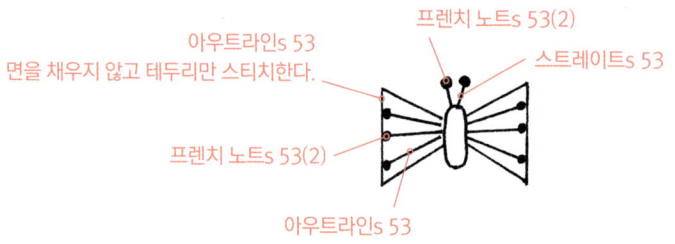

프렌치 노트s 53(2)

아우트라인s 53
면을 채우지 않고 테두리만 스티치한다.

스트레이트s 53

프렌치 노트s 53(2)

아우트라인s 53

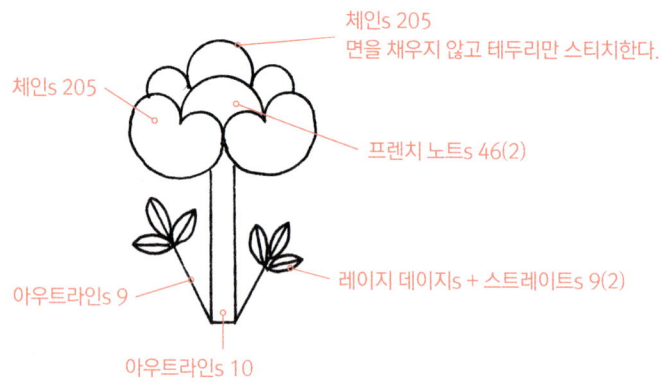

체인s 205
면을 채우지 않고 테두리만 스티치한다.

체인s 205

프렌치 노트s 46(2)

레이지 데이지s + 스트레이트s 9(2)

아우트라인s 9

아우트라인s 10

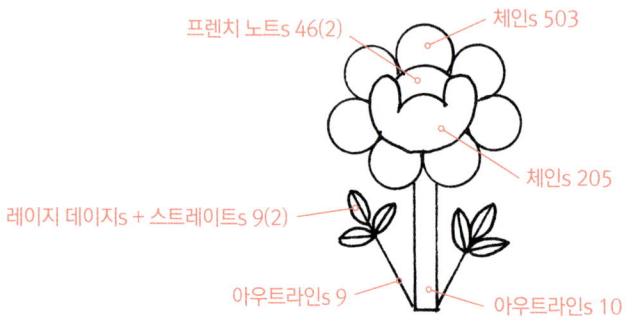

프렌치 노트s 46(2)

체인s 503

체인s 205

레이지 데이지s + 스트레이트s 9(2)

아우트라인s 9

아우트라인s 10

사용한 원단 》》 면 연두색, 빨간색

사용한 실 》》 덴마크 꽃실 712

수놓기 》》 도안에 표기된 것과 동일한 스티치로
　　　　　 테두리만 수놓습니다.

Ladybug and round leaves

무당벌레와 둥근 잎

동글동글 초록 잎사귀와 작고 귀여운 무당벌레를 수놓았습니다.
어릴 적 손바닥 위에 무당벌레를 올려놓고 신기한 듯 바라보던
추억이 떠오릅니다.

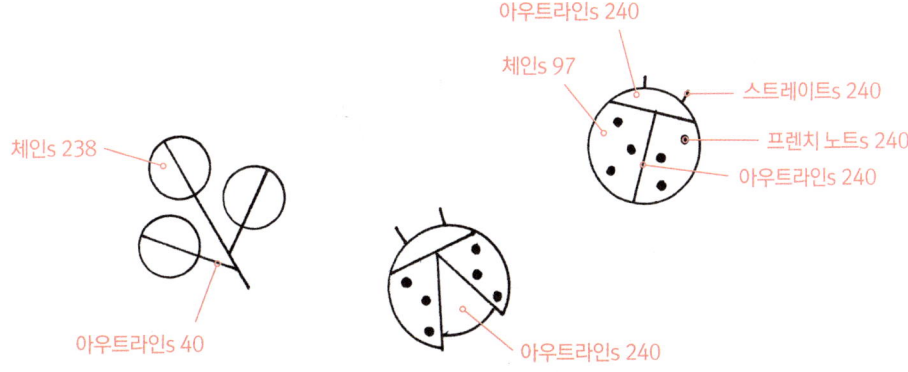

아웃트라인s 240
체인s 97
스트레이트s 240
프렌치 노트s 240
아웃트라인s 240

체인 238
아웃트라인s 40
아웃트라인s 240

사용한 원단 ≫ 워싱 린넨 11수 아이보리

사용한 실 ≫ 덴마크 꽃실 40, 97, 238, 240

사용한 스티치 ≫ 스트레이트 스티치, 아웃트라인 스티치, 체인 스티치, 프렌치 노트 스티치

수놓기 ≫ 초록 잎을 수놓을 때는 잎을 먼저 수놓은 다음 줄기를 수놓습니다.

여름

6~8월

SUMMER

싱그러운 초록잎들이 물결처럼 일렁입니다.
뜨거운 태양 빛에 반짝이는 초록 잎사귀들 사이로
화려한 꽃들이 피어나기 시작합니다.

이글거리는 태양을 피해 나무 그늘 아래에서 쉬다 보면
풀벌레 우는 소리에 지그시 눈을 감게 됩니다.

이마에 맺힌 땀방울이 식어갈 때 즈음
코끝을 맴도는 진한 풀꽃 향기에 이끌려 길을 나서면
길목마다 반가운 이름의 꽃들을 만나게 됩니다.

여름이 오면 피는 다양한 꽃들을 바라보며
수를 놓다 보면 무더운 여름도 어느새 지나갑니다.

SUMMER

여름이 오면

아침 일찍 담장에서 피어나는 나팔꽃, 풀숲에 숨어 웅크리며 피어나는 달개비, 수탉의 머리를 닮은 맨드라미, 해를 보며 자라는 해바라기, 꽃 속에 또 다른 작은 꽃을 간직한 백일홍, 은은한 보랏빛이 매력적인 도라지꽃과 금강초롱꽃, 상큼한 오렌지 빛깔 능소화 등 알록달록 화려한 색의 여름 꽃들을 수놓았습니다.

금강초롱
Diamond bluebell

사용한 실 ≫ 덴마크 꽃실 5, 8, 40, 724

사용한 스티치 ≫ 아우트라인 스티치, 체인 스티치

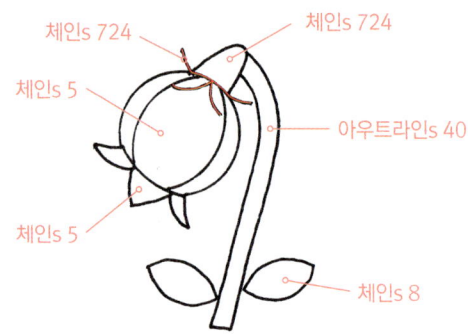

체인s 724　　체인s 724
체인s 5
아우트라인s 40
체인s 5
체인s 8

산딸나무 꽃
Kousa dogwood

사용한 실 ≫ 덴마크 꽃실 9, 223, 506, 724, 727

사용한 스티치 ≫ 아우트라인 스티치, 체인 스티치, 프렌치 노트 스티치

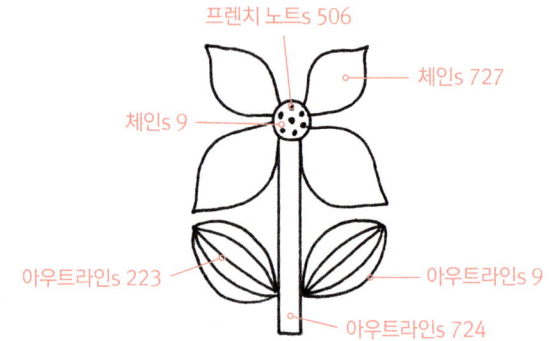

프렌치 노트s 506
체인s 727
체인s 9
아우트라인 223
아우트라인s 9
아우트라인s 724

참나리 꽃
Tiger lily

사용한 실 》 덴마크 꽃실 9, 40, 53, 223, 716

사용한 스티치 》 러닝 스티치, 새틴 스티치, 아웃라인 스티치, 체인 스티치,
프렌치 노트 스티치

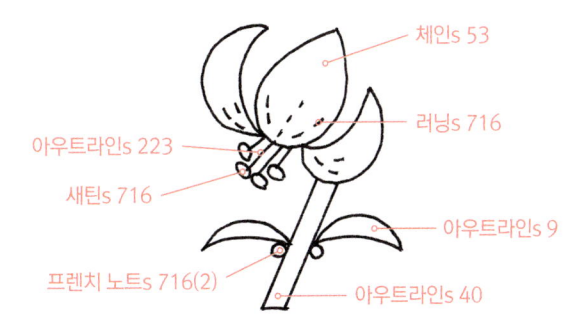

체인s 53

러닝s 716

아웃라인 223

새틴s 716

아웃라인s 9

프렌치 노트s 716(2)

아웃라인s 40

장미
Rose

사용한 실 》 덴마크 꽃실 9, 97, 223, 727

사용한 스티치 》 레이지 데이지 스티치+스트레이트 스티치,
스트레이트 스티치, 아웃라인 스티치, 체인 스티치

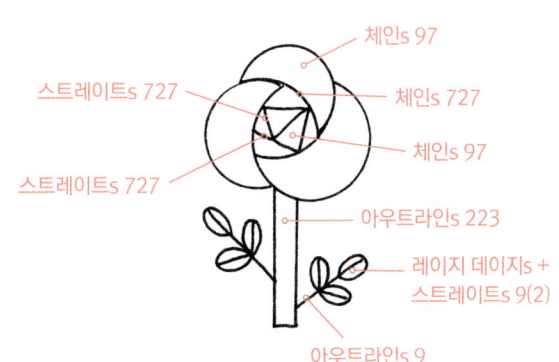

체인s 97

스트레이트s 727

체인s 727

체인s 97

스트레이트s 727

아웃라인s 223

레이지 데이지s +
스트레이트s 9(2)

아웃라인s 9

백합
Lily

사용한 실 》 덴마크 꽃실 9, 69, 86, 223

사용한 스티치 》 새틴 스티치, 스트레이트 스티치, 아우트라인 스티치

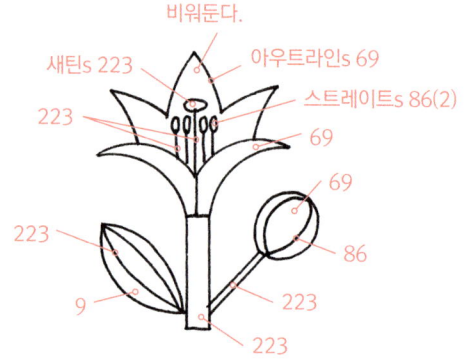

비워둔다.

새틴s 223   아우트라인s 69

223   스트레이트s 86(2)

69

69

223   86

9   223

223

* 색상 번호만 표기된 곳은 아우트라인 스티치입니다.

나팔꽃
Morning glory

사용한 실 》 덴마크 꽃실 9, 17, 40, 715, 727

사용한 스티치 》 레이지 데이지 스티치+스트레이트 스티치, 새틴 스티치,
스트레이트 스티치, 아우트라인 스티치, 체인 스티치

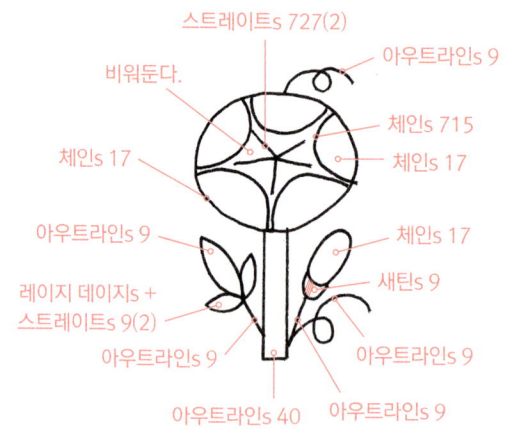

스트레이트s 727(2)

비워둔다.   아우트라인s 9

체인s 715

체인s 17   체인s 17

아우트라인s 9   체인s 17

레이지 데이지s +   새틴s 9
스트레이트s 9(2)

아우트라인s 9   아우트라인s 9

아우트라인s 40   아우트라인s 9

은방울꽃

Lily of the valley

사용한 실 》 덴마크 꽃실 8, 33, 223, 238

사용한 스티치 》 아웃라인 스티치, 체인 스티치, 캐스트 온 스티치

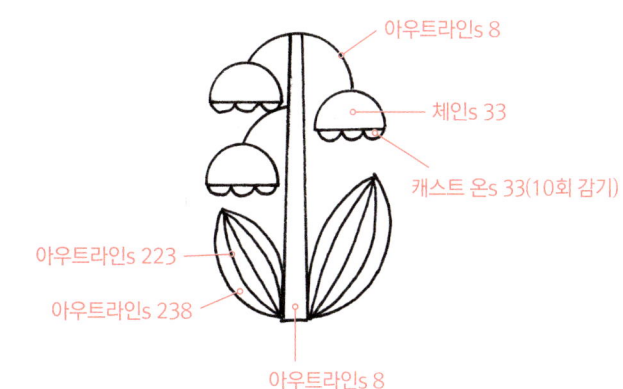

아웃라인s 8

체인s 33

캐스트 온s 33(10회 감기)

아웃라인s 223

아웃라인s 238

아웃라인s 8

도라지꽃

Balloon flower

사용한 실 》 덴마크 꽃실 5, 9, 10, 27, 727

사용한 스티치 》 러닝 스티치, 새틴 스티치, 아웃라인 스티치, 체인 스티치, 프렌치 노트 스티치

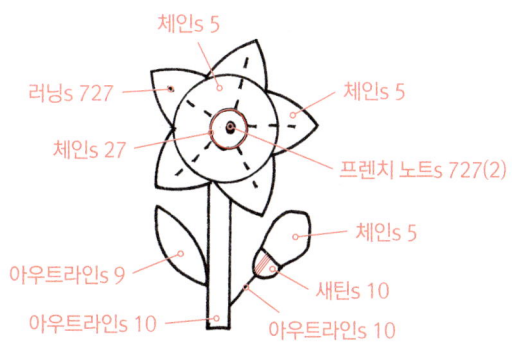

체인s 5

러닝s 727

체인s 5

체인s 27

프렌치 노트s 727(2)

체인s 5

아웃라인s 9

새틴s 10

아웃라인s 10

아웃라인s 10

카라
Calla

사용한 실 》 덴마크 꽃실 8, 48, 506, 724, 727

사용한 스티치 》 아웃라인 스티치, 체인 스티치

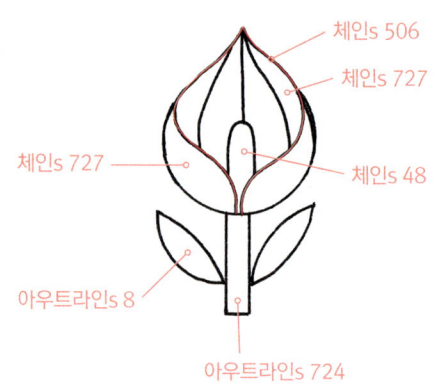

체인s 506

체인s 727

체인s 727

체인s 48

아웃라인s 8

아웃라인s 724

능소화
Trumpet creeper

사용한 실 》 덴마크 꽃실 40, 48, 53, 711, 724

사용한 스티치 》 레이지 데이지 스티치+스트레이트 스티치, 스트레이트 스티치, 아웃라인 스티치, 체인 스티치, 프렌치 노트 스티치

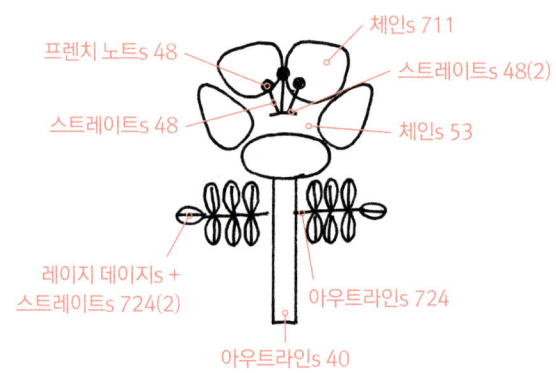

프렌치 노트s 48

체인s 711

스트레이트s 48(2)

스트레이트s 48

체인s 53

레이지 데이지s +
스트레이트s 724(2)

아웃라인s 724

아웃라인s 40

달개비
Common Dayflower

사용한 실 » 덴마크 꽃실 9, 17, 33, 40, 46, 48

사용한 스티치 » 아우트라인 스티치, 체인 스티치, 프렌치 노트 스티치

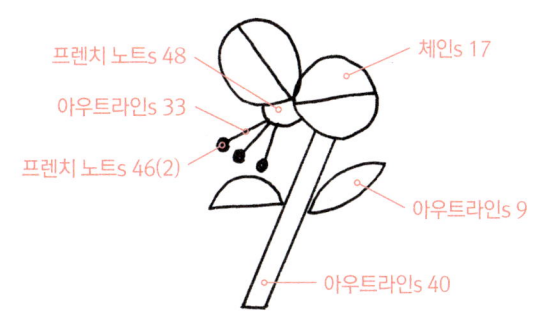

프렌치 노트s 48

체인s 17

아우트라인s 33

프렌치 노트s 46(2)

아우트라인s 9

아우트라인s 40

에키네시아
Echinacea

사용한 실 » 덴마크 꽃실 2, 5, 8, 86, 223

사용한 스티치 » 러닝 스티치, 스트레이트 스티치, 아우트라인 스티치, 체인 스티치

체인s 5

러닝s 86

스트레이트s 86

아우트라인s 2

아우트라인s 86

스트레이트s 86

아우트라인s 223

아우트라인s 8

맨드라미
Cockscomb

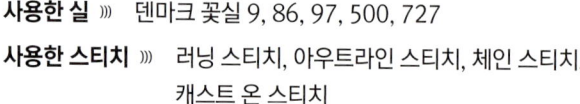

사용한 실 》 덴마크 꽃실 9, 86, 97, 500, 727

사용한 스티치 》 러닝 스티치, 아웃라인 스티치, 체인 스티치,
캐스트 온 스티치

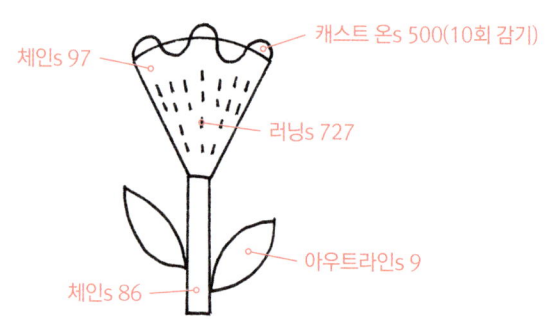

체인s 97
캐스트 온s 500(10회 감기)
러닝s 727
아웃라인s 9
체인s 86

수국
Hydrangea

사용한 실 》 덴마크 꽃실 10, 17, 238, 715

사용한 스티치 》 아웃라인 스티치, 체인 스티치, 프렌치 노트 스티치

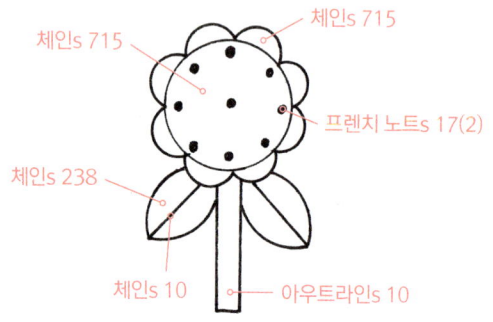

체인s 715
체인s 715
프렌치 노트s 17(2)
체인s 238
체인s 10
아웃라인s 10

해바라기
Sunflower

사용한 실 ≫ 덴마크 꽃실 9, 10, 40, 48, 704, 705

사용한 스티치 ≫ 바스켓 스티치, 아웃라인 스티치, 체인 스티치

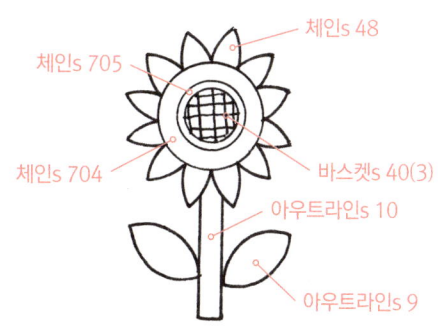

체인s 48
체인s 705
체인s 704
바스켓s 40(3)
아웃라인s 10
아웃라인s 9

백일홍
Zinnia

사용한 실 ≫ 덴마크 꽃실 40, 48, 97, 206, 719

사용한 스티치 ≫ 스트레이트 스티치, 아웃라인 스티치, 체인 스티치

체인s 719
체인s 97
스트레이트s 48
아웃라인s 40
아웃라인s 206

여름 화단

씨앗을 뿌리거나 꽃을 심지 않아도 나만의 화단을 만들 수 있어요. 와이어 끈과 펠트를 이용해 작고 예쁜 여름 화단을 만들어보세요.

만드는 법

준비물 ⟫ 1.2mm 하드 펠트(아이보리색), 와이어 끈, 마스킹 테이프

1_ 1.2mm 하드 펠트, 와이어 끈, 마스킹 테이프를 준
비합니다.

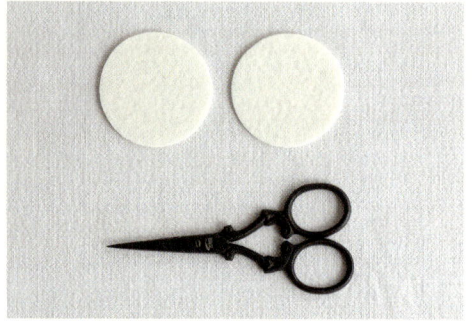

2_ 펠트를 지름 4.5cm 원형으로 2장 잘라줍니다.

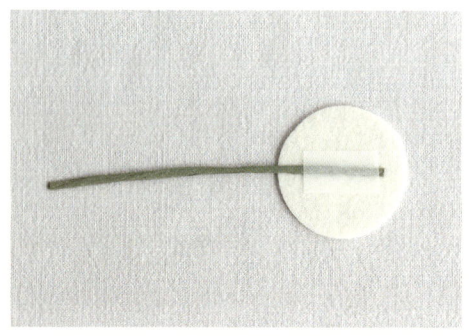

3_ 원형으로 잘라낸 펠트의 중간 지점에 와이어 끈을
마스킹 테이프로 고정시킵니다.

4_ 나머지 원형 펠트를 올려 러닝 스티치로 두 장의 펠
트를 고정합니다.

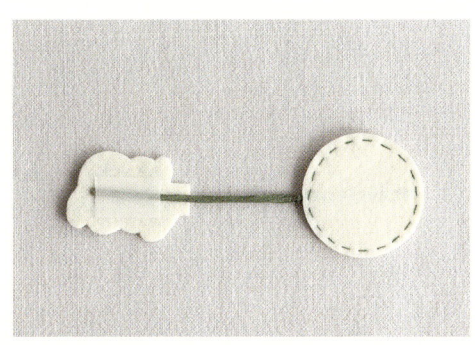

5_ 오려낸 꽃자수의 뒷면에 마스킹 테이프로 와이어 끈을 고정합니다.

6_ 펠트와 접하는 부분의 와이어 끈을 접어 세워줍니다.

러닝s 86
러닝s 53
러닝s 238
러닝s 40

러닝 스티치로 2장의 펠트를 고정할 때 다양한 색의 자수실을 사용하면 산뜻한 분위기를 낼 수 있습니다. 이 책에서는 덴마크 꽃실을 사용하였습니다.

Rosebud

장미 꽃봉오리

여름의 초입, 간간이 불어오는 바람 속에 은은한 장미 향기가 전해
집니다. 담장을 타고 뻗어 나온 가지에서 이제 막 꽃봉오리를 맺기
시작한 장미꽃을 발견했어요. 동글동글 알사탕처럼 귀여운 장미 꽃
봉오리에서 싱그러움이 느껴집니다.

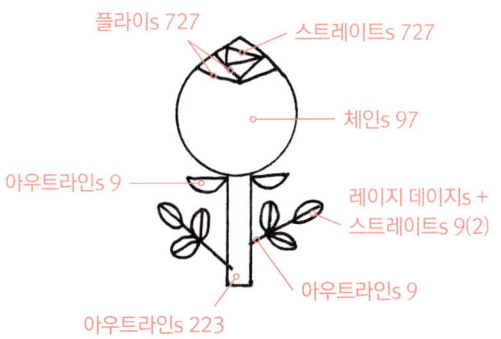

플라이s 727
스트레이트s 727
체인s 97
아우트라인s 9
레이지 데이지s +
스트레이트s 9(2)
아우트라인s 9
아우트라인s 223

사용한 원단 ≫ 워싱 린넨 11수 아이보리

사용한 실 ≫ 덴마크 꽃실 9, 97, 223, 727

사용한 스티치 ≫ 레이지 데이지 스티치+스트레이트 스티치, 스트레이트 스티치,
아우트라인 스티치, 체인 스티치, 플라이 스티치

Rose garden

장미 정원

알사탕을 닮은 장미 꽃봉오리와 통통하게 피어난 장미가 가득한
귀여운 장미 정원을 수놓아보세요.

사용한 원단 ≫ 워싱 린넨 11수 아이보리

사용한 실 ≫ 덴마크 꽃실 9, 69, 86, 223, 727

사용한 스티치 ≫ 레이지 데이지 스티치+스트레이트 스티치, 스트레이트 스티치,
아우트라인 스티치, 체인 스티치, 플라이 스티치

기타 재료 ≫ 1.2mm 하드 펠트, 양면 접착심지, 가방 접착심지 2T, 올풀림 방지액

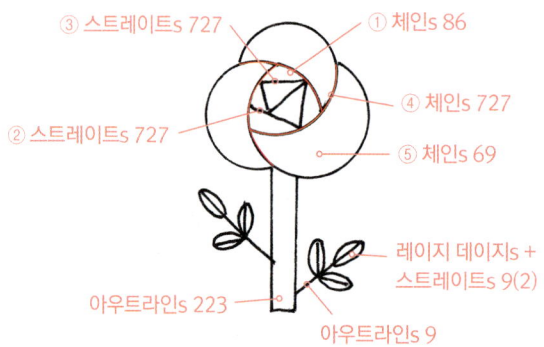

③ 스트레이트s 727　　　　　　　　① 체인s 86

② 스트레이트s 727　　　　　　　　④ 체인s 727

　　　　　　　　　　　　　　　　⑤ 체인s 69

　　　　　　　　　　　　레이지 데이지s +
　　　　　　　　　　　　스트레이트s 9(2)

아우트라인s 223

　　　　　　아우트라인s 9

* 꽃잎을 수놓을 때는 번호 순서대로 수놓습니다.
① → ② → ③ → ④ → ⑤

플라이s 727　　　　　　스트레이트s 727

　　　　　　　　　　　체인s 86

아우트라인s 9　　　　　레이지 데이지s +
　　　　　　　　　　　스트레이트s 9(2)

　　　　　　　　아우트라인s 9

아우트라인s 223

은방울꽃

오동통한 잎사귀 사이로 뻗어 나온 가녀린 줄기에 작고 귀여운
꽃이 방울방울 피어났어요.
손으로 톡 건드리면 또로롱 또롱~ 청아한 소리가 날 것 같아요.

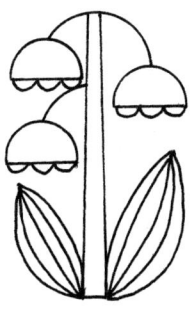 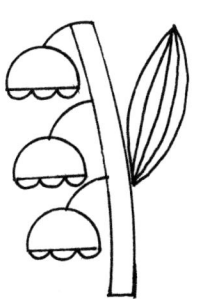 

사용한 원단 ⋙ 워싱 린넨 11수 검은색

사용한 실 ⋙ 덴마크 꽃실 8, 223, 238, 727

사용한 스티치 ⋙ 아우트라인 스티치, 체인 스티치, 캐스트 온 스티치

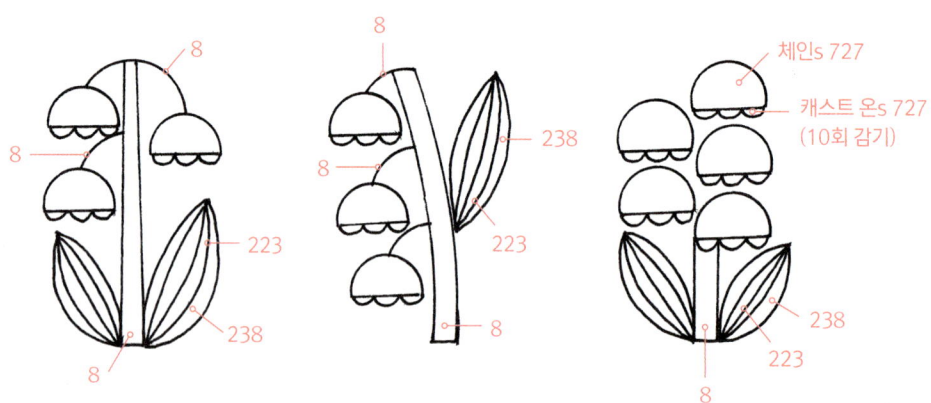

체인s 727

캐스트 온s 727
(10회 감기)

8

8

223

238

8

8

238

223

8

8

8

238

223

8

* 색상 번호만 표기된 곳은 아우트라인 스티치입니다.

산딸나무와 열매

네 장의 흰색 꽃잎이 동그란 꽃송이를 받치고 있어요.
한가운데 아주 작고 둥근 꽃이 자라 가을에는 탐스러운 빨간
열매가 된답니다.

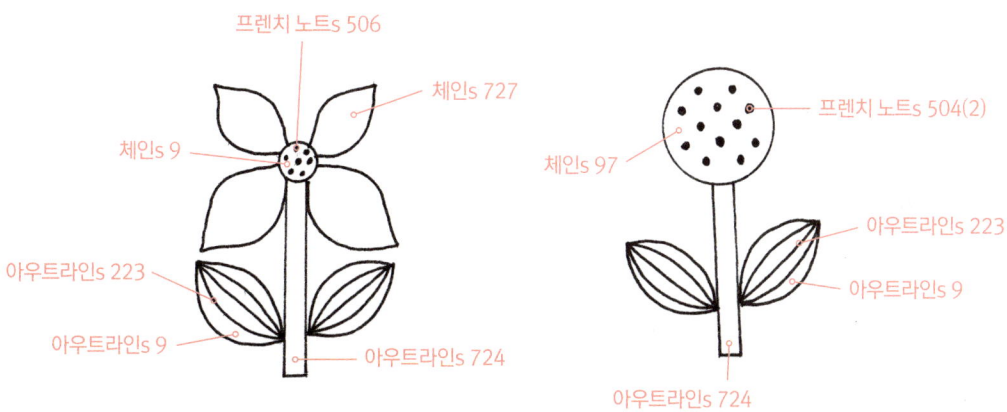

프렌치 노트s 506

체인s 727

체인s 9

아우트라인s 223

아우트라인s 9

아우트라인s 724

체인s 97

프렌치 노트s 504(2)

아우트라인s 223

아우트라인s 9

아우트라인s 724

사용한 원단 ≫   워싱 린넨 11수 민트색

사용한 실 ≫   덴마크 꽃실 9, 97, 223, 504, 506, 724, 727

사용한 스티치 ≫   아우트라인 스티치, 체인 스티치, 프렌치 노트 스티치

Echinacea

에키네시아

고슴도치 가시처럼 삐죽삐죽 꽃들이 솟아 있어요.
오래된 꽃일수록 가운데 둥근 부분이 부풀어 오르고 꽃잎은 점점
아래로 늘어지는 모습이 인상적인 꽃이에요.

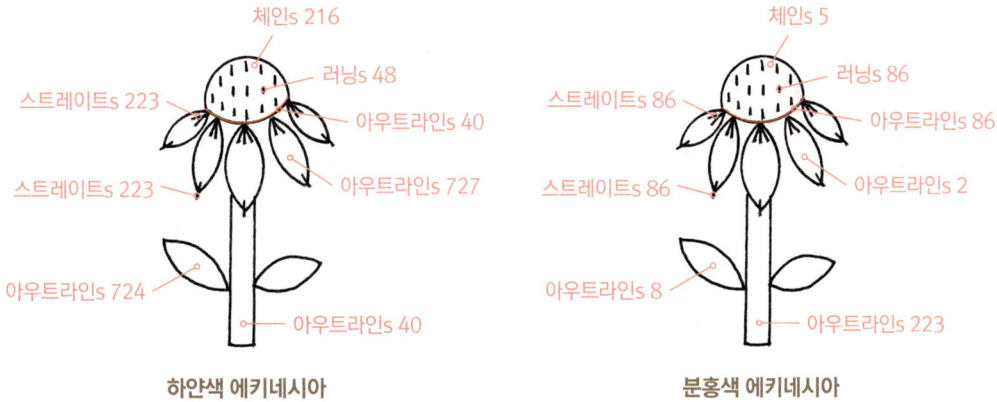

체인s 216
러닝s 48
스트레이트s 223
아우트라인s 40
스트레이트s 223
아우트라인s 727
아우트라인s 724
아우트라인s 40

하얀색 에키네시아

체인s 5
러닝s 86
스트레이트s 86
아우트라인s 86
스트레이트s 86
아우트라인s 2
아우트라인s 8
아우트라인s 223

분홍색 에키네시아

사용한 원단 》 워싱 린넨 11수 베이비 핑크
사용한 실 》 덴마크 꽃실 2, 5, 8, 40, 48, 86, 216, 223, 724, 727
사용한 스티치 》 러닝 스티치, 스트레이트 스티치, 아우트라인 스티치, 체인 스티치

Hydrangea

수국

가지 끝에 공처럼 둥그스름한 꽃송이가 피어요. 흙의 성질에 따라
꽃의 색이 분홍이나 푸른색으로 변하는 특성이 있답니다. 그래서
수국의 꽃말 중에는 '변하기 쉬운 마음'이 있어요.

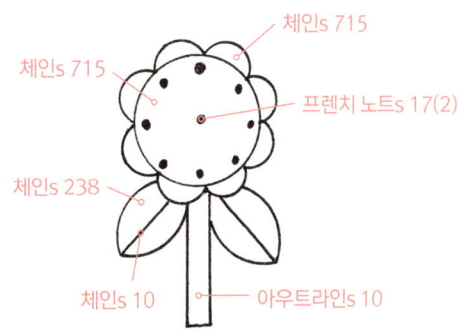

체인s 715

체인s 715

프렌치 노트s 17(2)

체인s 238

체인s 10

아우트라인s 10

하늘색 수국

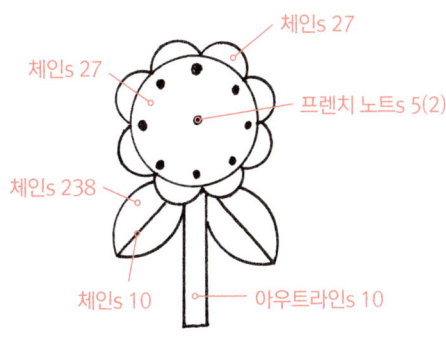

체인s 27

체인s 27

프렌치 노트s 5(2)

체인s 238

체인s 10

아우트라인s 10

연보라색 수국

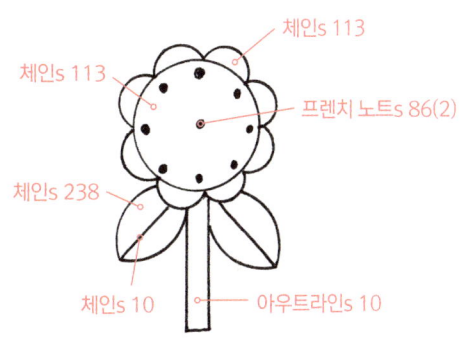

체인s 113

체인s 113

프렌치 노트s 86(2)

체인s 238

체인s 10

아우트라인s 10

분홍색 수국

사용한 원단 》 워싱 린넨 11수 아이보리

사용한 실 》 덴마크 꽃실 5, 10, 17, 27, 86, 113, 238, 715

사용한 스티치 》 아우트라인 스티치, 체인 스티치, 프렌치 노트 스티치

기타 재료 》 1.2mm 하드 펠트, 양면 접착심지, 가방 접착심지 2T, 올풀림 방지액

Trumpet lily

나리꽃

여름이면 흔하게 피는 나리꽃은 비슷비슷하게 생긴 꽃이 많아 이름
도 다양해요. 나리꽃 중에서 가장 아름다운 꽃이라는 뜻인 '참나리',
하늘을 보고 자라서 '하늘나리'가 있어요.

참나리의 잎겨드랑이를 살펴보면 작은 콩알이 있어요. 이 작은 콩
알이 점점 자라 무거워지면 저절로 땅에 떨어져 새로운 싹을 틔운
답니다.

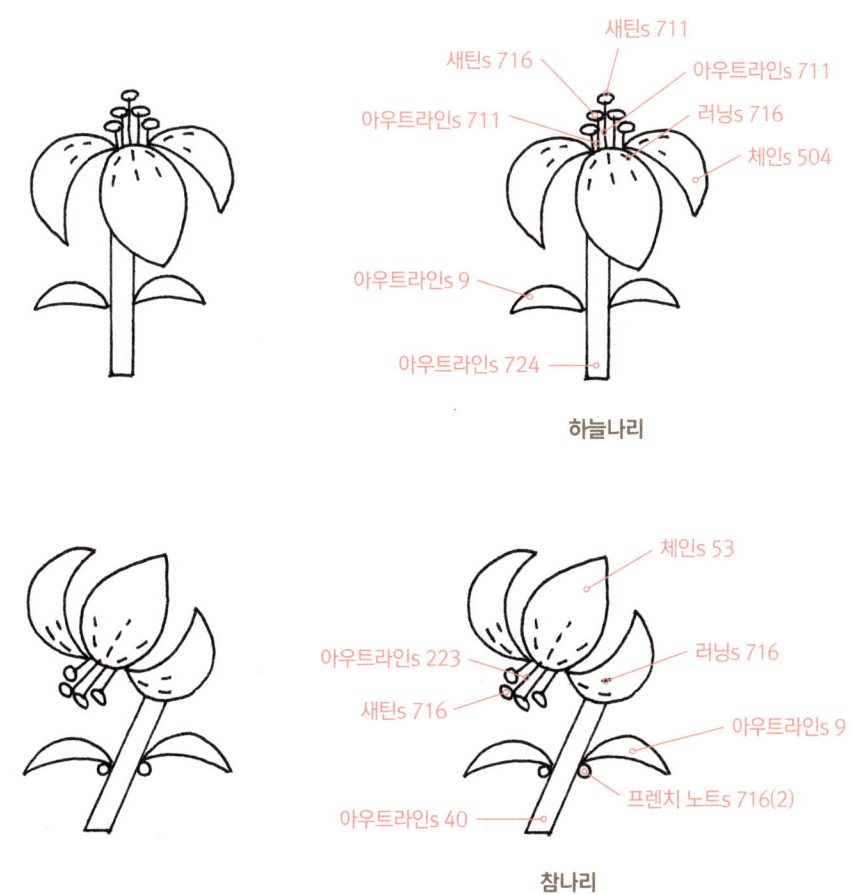

새틴s 711
새틴s 716
아우트라인s 711
아우트라인 711
러닝 716
체인 504
아우트라인s 9
아우트라인s 724

하늘나리

체인s 53
아우트라인s 223
러닝s 716
새틴s 716
아우트라인s 9
프렌치 노트s 716(2)
아우트라인s 40

참나리

사용한 원단 ≫ 워싱 린넨 11수 아이보리

사용한 실 ≫ 덴마크 꽃실 9, 40, 53, 223, 504, 711, 716, 724

사용한 스티치 ≫ 러닝 스티치, 새틴 스티치, 아우트라인 스티치, 체인 스티치, 프렌치 노트 스티치

기타 재료 ≫ 1.2mm 하드 펠트, 양면 접착심지, 가방 접착심지 2T, 올풀림 방지액

Lily

백합

친구의 결혼식 날, 아름다운 신부의 손에는 백합꽃이 들려 있었어
요. 새하얀 웨딩드레스와 청초한 백합꽃으로 만든 부케는 신부의
환한 미소와 꼭 닮아 있었어요.
백합의 꽃말은 '순결, 변함없는 사랑'이라고 해요.

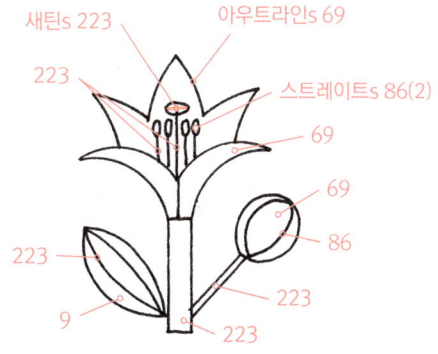

새틴s 223   아웃라인s 69
223   스트레이트s 86(2)
                    69
                    69
223   86
9   223
        223

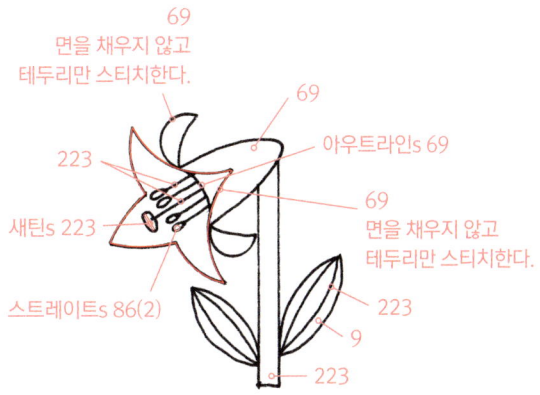

69
면을 채우지 않고
테두리만 스티치한다.

69
223   아웃라인s 69
새틴s 223   69
                    면을 채우지 않고
                    테두리만 스티치한다.
스트레이트s 86(2)   223
                    9
        223

* 색상 번호만 표기된 곳은 아웃라인 스티치입니다.

사용한 원단 》   워싱 린넨 11수 아이보리
사용한 실 》   덴마크 꽃실 9, 69, 86, 223
사용한 스티치 》   새틴 스티치, 스트레이트 스티치, 아웃라인 스티치
기타 재료 》   1.2mm 하드 펠트, 양면 접착심지, 가방 접착심지 2T, 올풀림 방지액

Calla

카라

꽃집에서 만난 카라는 날씬한 모습에 멋쟁이의 아우라를 내뿜고 있
었어요. 단 한 송이의 꽃만으로도 존재감을 드러내는 카라의 매력
에 빠져들었답니다.

사용한 원단 ⫸ 워싱 린넨 11수 옐로

사용한 실 ⫸ 덴마크 꽃실 8, 48, 506, 724, 727

사용한 스티치 ⫸ 아우트라인 스티치, 체인 스티치

Snail

달팽이

비 온 뒤 풀숲 사이에서 달팽이를 찾아보세요. 젖은 땅 위를 꼬물꼬물
기어가는 달팽이의 다양한 모습을 떠올리며 수놓아보세요.

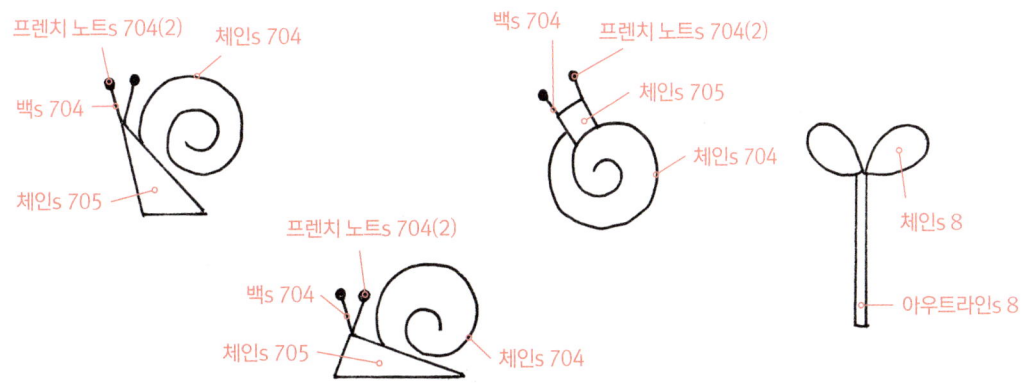

프렌치 노트s 704(2)

체인 704

백s 704

체인 705

백s 704

프렌치 노트s 704(2)

체인s 705

체인 704

프렌치 노트s 704(2)

백s 704

체인s 705

체인 704

체인s 8

아우트라인s 8

사용한 원단 ⟫ 워싱 린넨 11수 아이보리

사용한 실 ⟫ 덴마크 꽃실 8, 704, 705

사용한 스티치 ⟫ 백 스티치, 아우트라인 스티치, 체인 스티치, 프렌치 노트 스티치

Summer leaves

여름 잎사귀

여름의 풍경에는 화려한 꽃만큼이나 반짝이는 싱그러운 초록 잎사귀들이 있습니다. 잎사귀에서 나는 향기로운 풀 내음이 청량한 느낌을 줍니다. 우리 주변에서 자라고 있는 다양한 나무의 잎사귀를 관찰하고 수놓아보세요.

사용한 원단 ⟫ 워싱 린넨 11수 아이보리 / 샙 그린

사용한 실 ⟫ 덴마크 꽃실 8, 9, 10, 237, 238, 303, 505, 506, 509, 724, 725

사용한 스티치 ⟫ 아우트라인 스티치, 플라이 스티치

237 506 238 724

플라이s

505 9 237 238

8 509 10 725

수다 프로젝트

가을

9~11월

AUTUMN

여름의 끝자락, 가끔 불어오는 실바람에도 행복합니다.
더위가 서서히 잊혀갈 무렵 문득 하늘을 바라보면
높고 파아란 하늘이 가슴을 확 트이게 합니다.

눈부시고 반짝이는 햇살이 나뭇잎 사이사이로
깊숙이 파고들면 작은 잎 하나도 지나칠 수 없을 정도로
아름다운 색채로 가을은 소리 없이 다가옵니다.

화려한 여름 꽃이 피고 진 자리에 귀여운 열매가 맺히고
울긋불긋 단풍이 든 풍경을 바라보고 있노라면
마음 깊숙이 숨겨 놓았던 감성이 살아납니다.

수수하고 청초한 매력이 있는 가을 풀꽃들을 수놓아보세요.
한결 마음이 편안하고 여유로워질 거예요.

AUTUMN

가을이 오면

시골집 화분에 피어난 가녀린 꽃 샤프란, 빨간 꽃송이가 주
렁주렁 달린 샐비어, 들판에 피어 있는 분홍빛 여뀌, 오이 향
기 머금은 오이풀, 작살나무의 보랏빛 열매, 연못의 부들, 울
긋불긋 단풍나무와 은행나무 등 포근하고 수수한 매력의 가
을 꽃들을 수놓았습니다.

코스모스

Cosmos

사용한 실 » 덴마크 꽃실 8, 40, 48, 86

사용한 스티치 » 아우트라인 스티치, 체인 스티치, 프렌치 노트 스티치

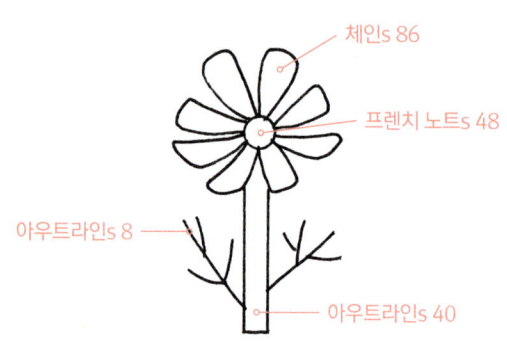

체인s 86

프렌치 노트s 48

아우트라인s 8

아우트라인s 40

국화

Chrysanthemum

사용한 실 » 덴마크 꽃실 8, 48, 206

사용한 스티치 » 아우트라인 스티치, 체인 스티치

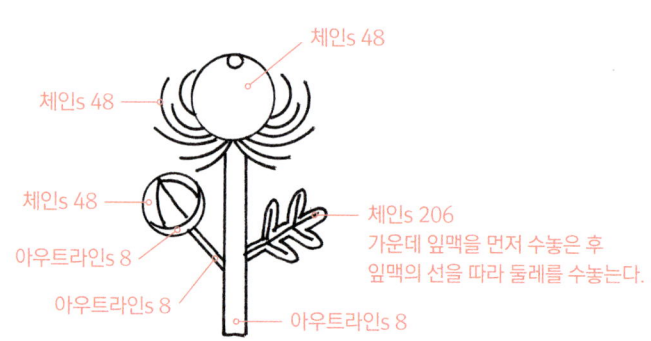

체인s 48

체인s 48

체인s 48

아우트라인s 8

아우트라인s 8

체인s 206
가운데 잎맥을 먼저 수놓은 후
잎맥의 선을 따라 둘레를 수놓는다.

아우트라인s 8

벌개미취

Korean Starwort

사용한 실 》 덴마크 꽃실 5, 9, 10, 46

사용한 스티치 》 아웃라인 스티치, 체인 스티치, 프렌치 노트 스티치

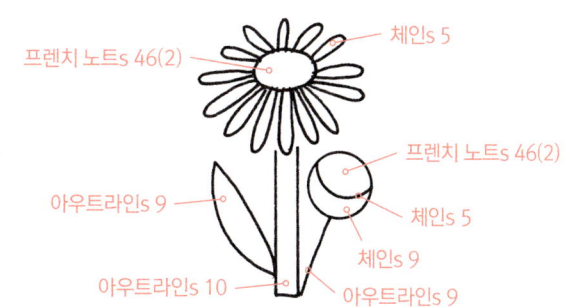

프렌치 노트s 46(2)

체인s 5

프렌치 노트s 46(2)

아웃라인s 9

체인s 5

체인s 9

아웃라인s 10

아웃라인s 9

아메리칸 블루

American blue

사용한 실 》 덴마크 꽃실 9, 10, 33, 223, 700

사용한 스티치 》 레이지 데이지 스티치+스트레이트 스티치, 스트레이트 스티치, 아웃라인 스티치, 체인 스티치, 프렌치 노트 스티치

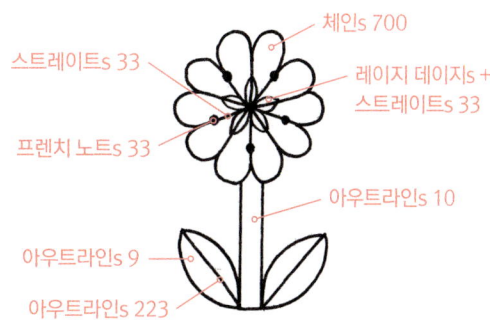

스트레이트s 33

체인s 700

레이지 데이지s + 스트레이트s 33

프렌치 노트s 33

아웃라인s 10

아웃라인s 9

아웃라인s 223

억새
Silver grass

사용한 실 ≫ 덴마크 꽃실 8, 721

사용한 스티치 ≫ 아우트라인 스티치

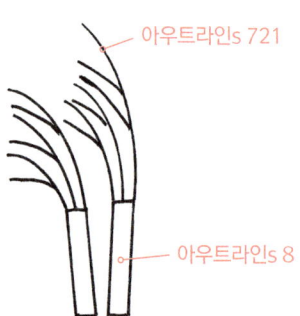

아우트라인s 721

아우트라인s 8

오이풀
Salad burnet

사용한 실 ≫ 덴마크 꽃실 10, 238, 717

사용한 스티치 ≫ 아우트라인 스티치, 체인 스티치

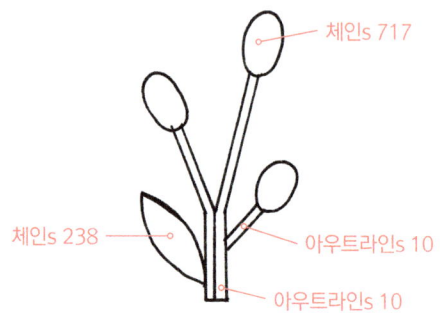

체인s 717

체인s 238

아우트라인s 10

아우트라인s 10

벼
Rice

사용한 실 ≫ 덴마크 꽃실 9, 10, 26, 250

사용한 스티치 ≫ 스트레이트 스티치, 아웃라인 스티치

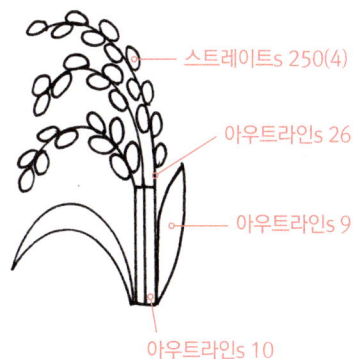

스트레이트s 250(4)

아웃라인s 26

아웃라인s 9

아웃라인s 10

여뀌
Water pepper

사용한 실 ≫ 덴마크 꽃실 2, 9, 223

사용한 스티치 ≫ 아웃라인 스티치, 프렌치 노트 스티치

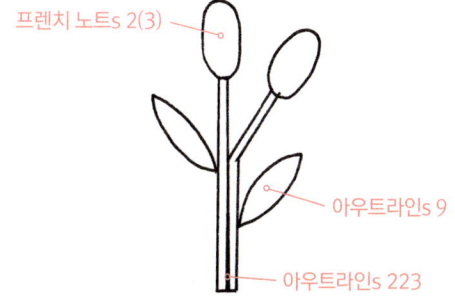

프렌치 노트s 2(3)

아웃라인s 9

아웃라인s 223

샐비어

Salvia

사용한 실 》 덴마크 꽃실 86, 97, 238

사용한 스티치 》 레이지 데이지 스티치+스트레이트 스티치,
아우트라인 스티치, 체인 스티치

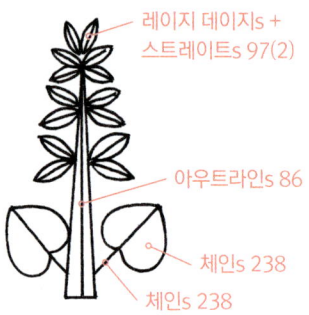

레이지 데이지s +
스트레이트s 97(2)

아우트라인s 86

체인s 238

체인s 238

샤프란

Saffron

사용한 실 》 덴마크 꽃실 8, 9, 31, 53, 505

사용한 스티치 》 스트레이트 스티치, 아우트라인 스티치, 체인 스티치

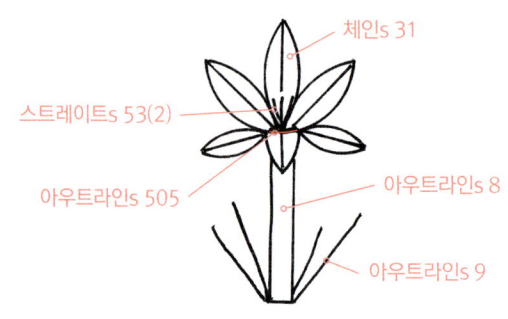

체인s 31

스트레이트s 53(2)

아우트라인s 505

아우트라인s 8

아우트라인s 9

작살나무
Beautyberry

사용한 실 ⫸ 덴마크 꽃실 11, 506, 720

사용한 스티치 ⫸ 아웃라인 스티치, 체인 스티치, 프렌치 노트 스티치

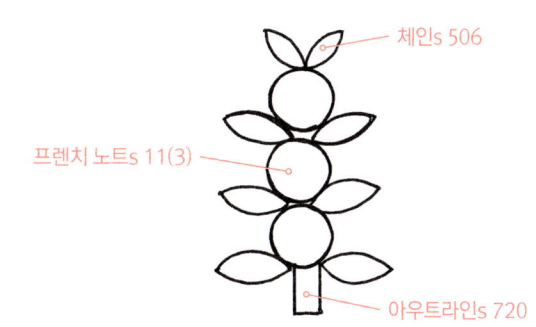

체인s 506

프렌치 노트s 11(3)

아웃라인s 720

부들
Cattail

사용한 실 ⫸ 덴마크 꽃실 8, 10, 14

사용한 스티치 ⫸ 백 스티치, 아웃라인 스티치, 체인 스티치

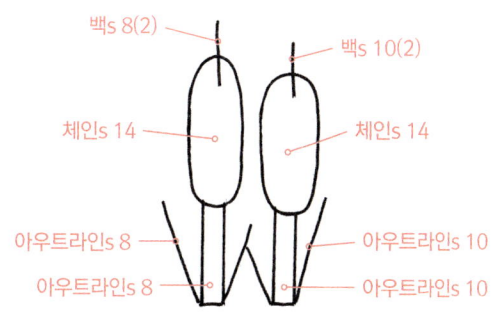

백s 8(2)

백s 10(2)

체인s 14

체인s 14

아웃라인s 8

아웃라인s 10

아웃라인s 8

아웃라인s 10

은행나무
Ginkgo

사용한 실 》 덴마크 꽃실 48, 53, 720

사용한 스티치 》 아우트라인 스티치, 체인 스티치

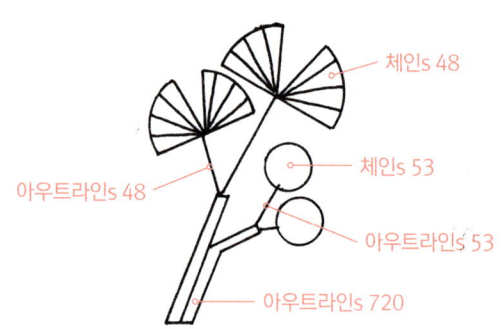

체인s 48

체인s 53

아우트라인s 48

아우트라인s 53

아우트라인s 720

단풍나무
Maple

사용한 실 》 덴마크 꽃실 97, 216

사용한 스티치 》 아우트라인 스티치

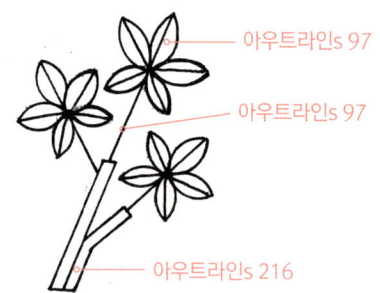

아우트라인s 97

아우트라인s 97

아우트라인s 216

참나무

Quercus

사용한 실 》 덴마크 꽃실 9, 216, 223, 706

사용한 스티치 》 스트레이트 스티치, 아우트라인 스티치, 체인 스티치

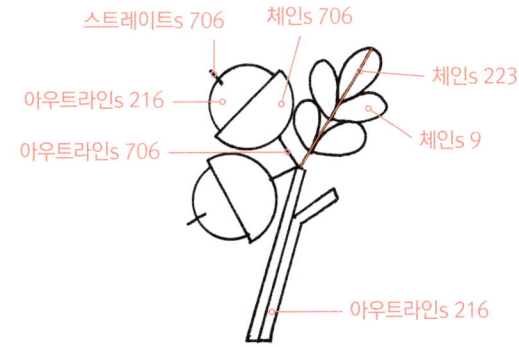

스트레이트s 706
체인s 706
체인s 223
아우트라인s 216
체인s 9
아우트라인s 706
아우트라인s 216

밤나무

Chestnut

사용한 실 》 덴마크 꽃실 9, 10, 505, 720

사용한 스티치 》 리프 스티치, 스트레이트 스티치, 아우트라인 스티치, 체인 스티치

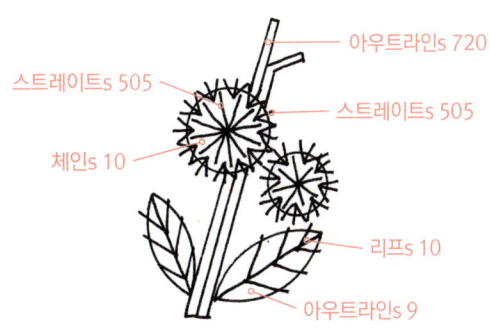

아우트라인s 720
스트레이트s 505
스트레이트s 505
체인s 10
리프s 10
아우트라인s 9

가
을
꽃
바
구
니

。
작은 바구니를 만들어 좋아하는 꽃들을 수놓은 후 오려
서 바구니에 담아 보세요.
밖으로 나가 직접 풀꽃을 꺾지 않아도 수놓은 꽃들을 바
구니에 담으면서 꽃놀이를 즐길 수 있어요.

만드는 법

준비물 》》 베이지색 1.2mm 하드 펠트, 덴마크 꽃실 721번

1_ 1번과 2번 도안을 펠트에 대고 잘라냅니다.

2_ 잘라낸 1번 펠트에 빨간색 표시 부분을 표시한 대로 스티치합니다.

3_ 먼저 스티치를 한 1번을 2번 위에 올려 아래 테두리 부분을 러닝 스티치로 ①과 ②를 고정합니다.

4_ 오려낸 꽃을 바구니에 꽂아줍니다.

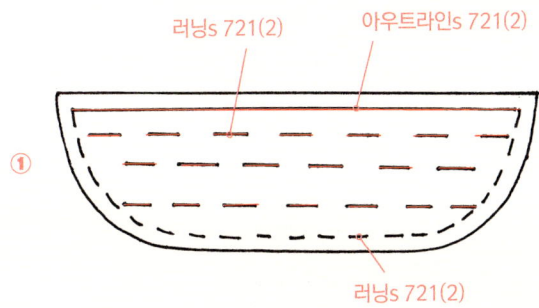

러닝s 721(2) 아우트라인s 721(2)

①

러닝s 721(2)

빨간색 표시 부분을 스티치하고
② 위에 ①을 올려서 러닝 스티치로 고정합니다.

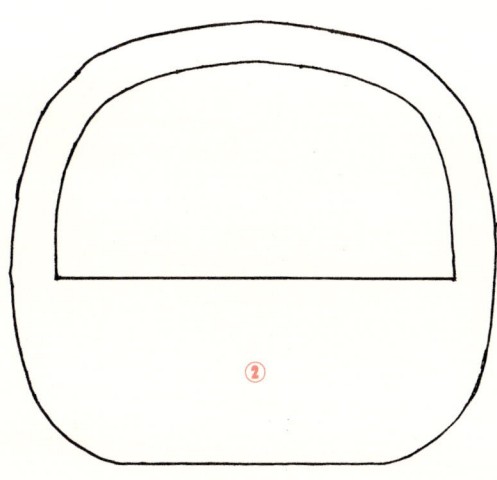

②

Cosmos

코스모스

좋아하는 가을 꽃을 물으면 망설이지 않고 코스모스라고 말합니다.
파란 가을 하늘 아래 하늘거리는 색색의 코스모스를 보고 있노라면
나도 모르게 콧노래를 흥얼거리게 됩니다.

사용한 원단 》 워싱 린넨 11수 아이보리

사용한 실 》 덴마크 꽃실 8, 9, 40, 48, 53, 69, 86, 223, 505

사용한 스티치 》 레이지 데이지 스티치, 아웃트라인 스티치, 체인 스티치, 프렌치 노트 스티치

기타 재료 》 1.2mm 하드 펠트, 양면 접착심지, 가방 접착심지 2T, 올풀림 방지액

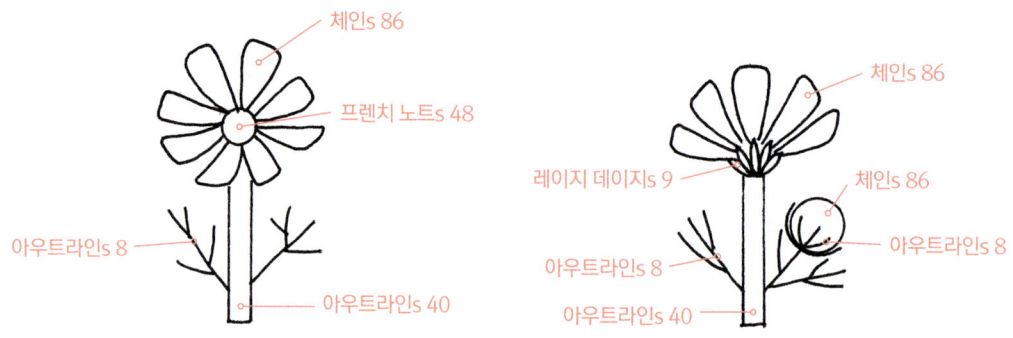

진분홍색 코스모스

체인s 86
프렌치 노트s 48
아우트라인s 8
아우트라인s 40

레이지 데이지s 9
체인s 86
아우트라인s 8
아우트라인s 40

연분홍색 코스모스

체인s 69
프렌치 노트s 48
아우트라인s 8
아우트라인s 223

레이지 데이지s 9
체인s 69
아우트라인s 8
아우트라인s 223

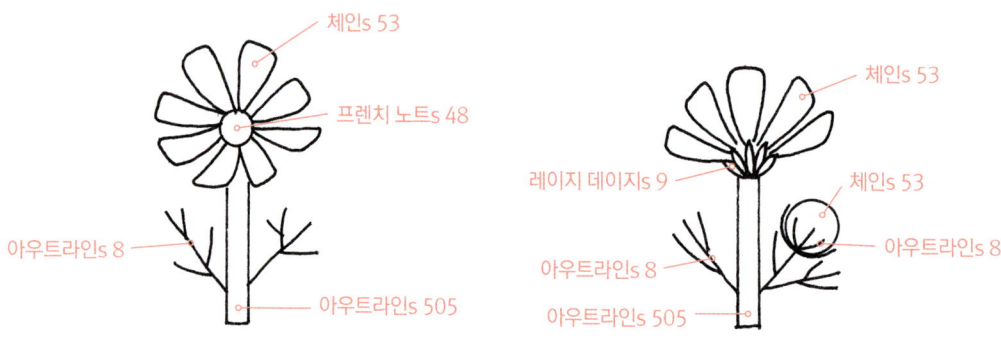

주황색 코스모스

체인s 53
프렌치 노트s 48
아우트라인s 8
아우트라인s 505

레이지 데이지s 9
체인s 53
아우트라인s 8
아우트라인s 505

Chrysanthemum

국화

쌀쌀한 바람에 스산함이 느껴지는 가을날, 길목에 피어 있는 노란 국화꽃에 자꾸만 시선이 갑니다. 곧은 줄기에 피어 있는 커다란 꽃송이가 주변을 화사하게 만듭니다.
하나의 꽃대에 하나의 꽃을 피우는 스탠더드 국화의 다양한 모습을 수놓았어요.

사용한 원단 ⟩⟩⟩   워싱 린넨 11수 아이보리

사용한 실 ⟩⟩⟩   덴마크 꽃실 8, 9, 48, 206

사용한 스티치 ⟩⟩⟩   아우트라인 스티치, 체인 스티치

기타 재료 ⟩⟩⟩   1.2mm 하드 펠트, 양면 접착심지, 가방 접착심지 2T, 올풀림 방지액

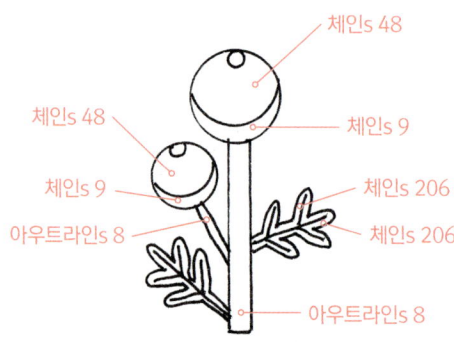

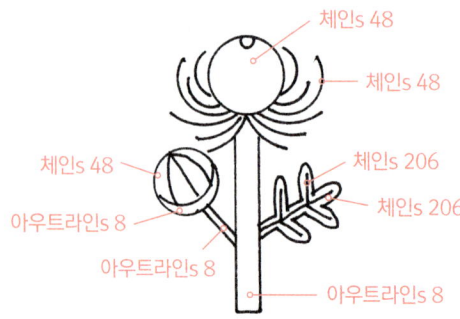

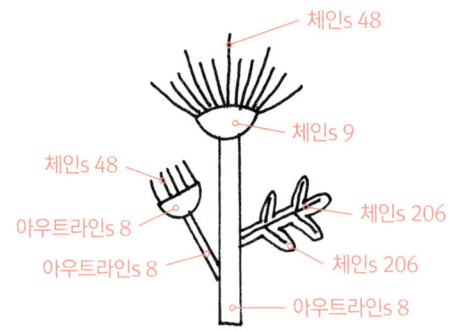

140

Quercus

도토리가 열리는 참나무

도토리가 열리는 나무를 참나무라고 해요. 참나무는 한 가지 나무를 일컫는 말이 아니라 참나무과에 속하는 모든 나무를 통틀어 부르는 이름이에요. 종류에 따라 잎과 도토리 모양이 다르답니다.

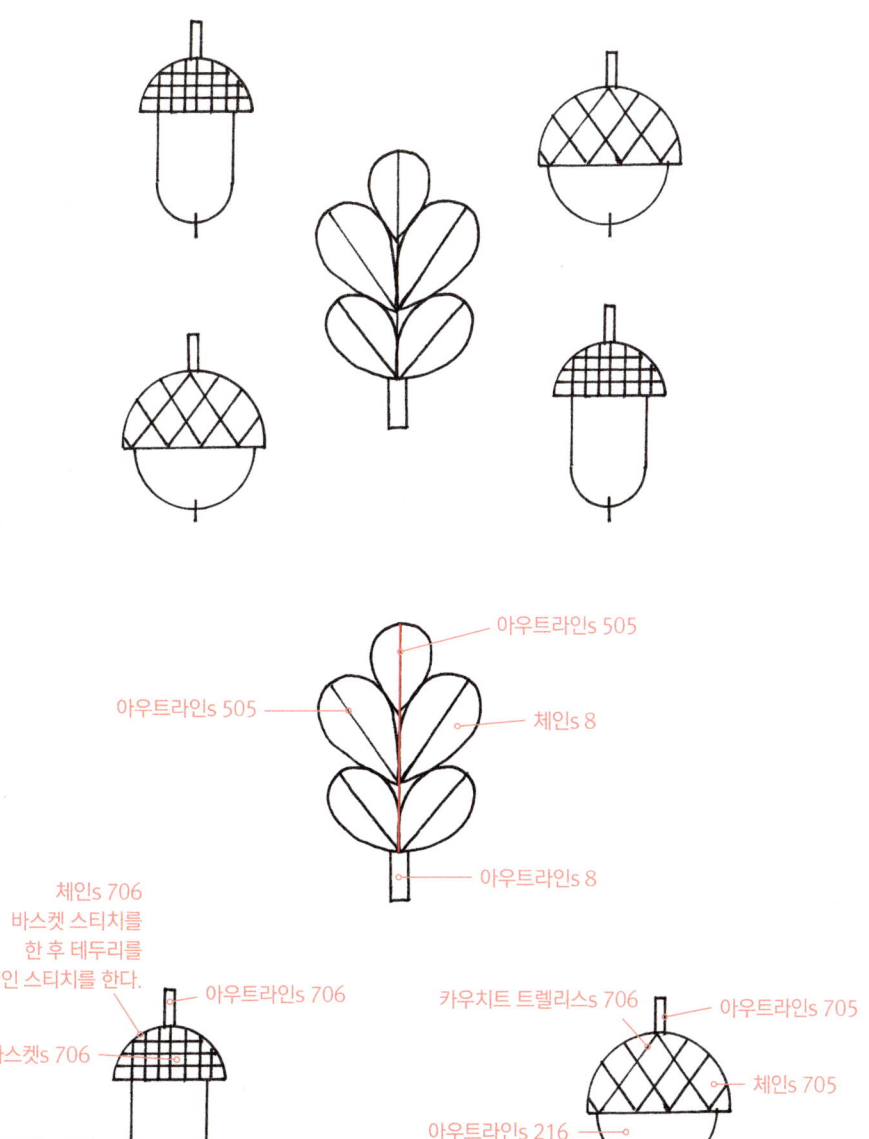

아우트라인s 505

아우트라인s 505 ──── 체인s 8

체인s 706
바스켓 스티치를
한 후 테두리를
체인 스티치를 한다.

아우트라인s 706

바스켓s 706

아우트라인s 223

스트레이트s 706(2)

카우치트 트렐리스s 706

아우트라인s 705

체인s 705

아우트라인s 216

스트레이트s 705(2)

아우트라인s 8

사용한 원단 》 워싱 린넨 11수 아이보리

사용한 실 》 덴마크 꽃실 8, 216, 223, 505, 705, 706

사용한 스티치 》 바스켓 스티치, 스트레이트 스티치, 아우트라인 스티치, 체인 스티치,
카우치트 트렐리스 스티치

Chestnut

밤나무

어린 시절, 밤송이를 따려고 장대로 밤나무 가지를 흔들어대곤 했
어요. 밤송이가 떨어질 때마다 가시에 찔리기도 했지만, 동그랗고
반짝이는 알밤을 보면 아픔은 금세 사라지고 말았죠.

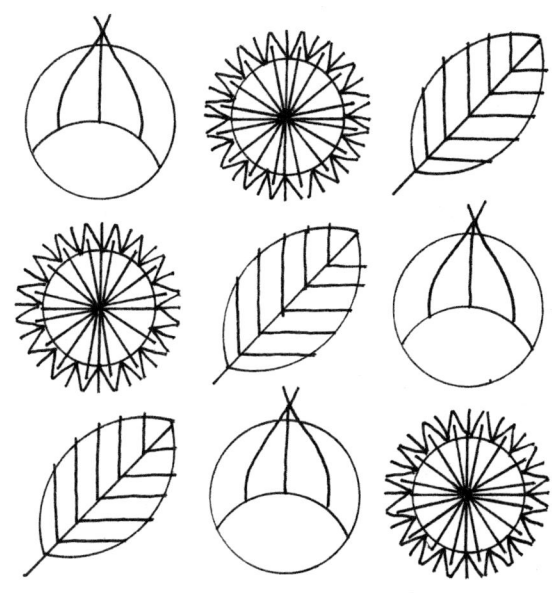

사용한 원단 ≫ 워싱 린넨 11수 아이보리

사용한 실 ≫ 덴마크 꽃실 9, 10, 213, 223, 706, 719, 720, 721

사용한 스티치 ≫ 리프 스티치, 바스켓 스티치, 스트레이트 스티치, 아웃라인 스티치, 체인 스티치

기타 재료 ≫ 1.2mm 하드 펠트, 양면 접착심지, 가방 접착심지 2T, 올풀림 방지액

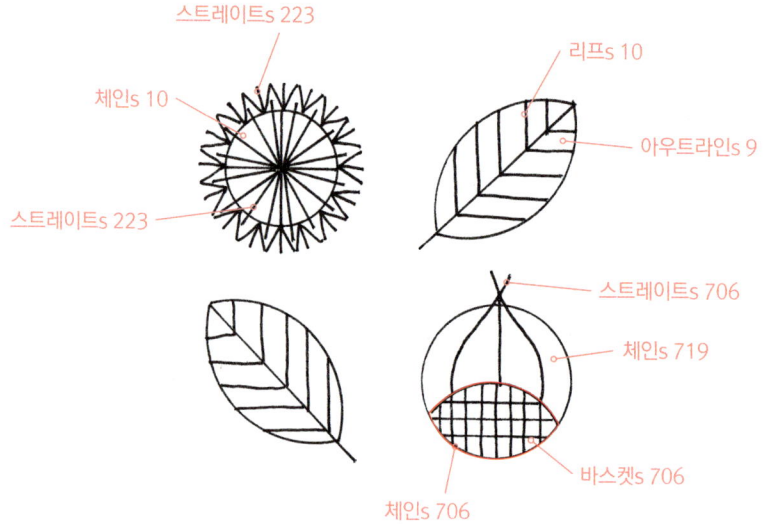

스트레이트s 223

체인s 10

스트레이트s 223

리프s 10

아웃라인s 9

스트레이트s 706

체인s 719

바스켓s 706

체인s 706

바스켓 스티치를 한 후 테두리를 체인 스티치를 한다.

초록 밤송이

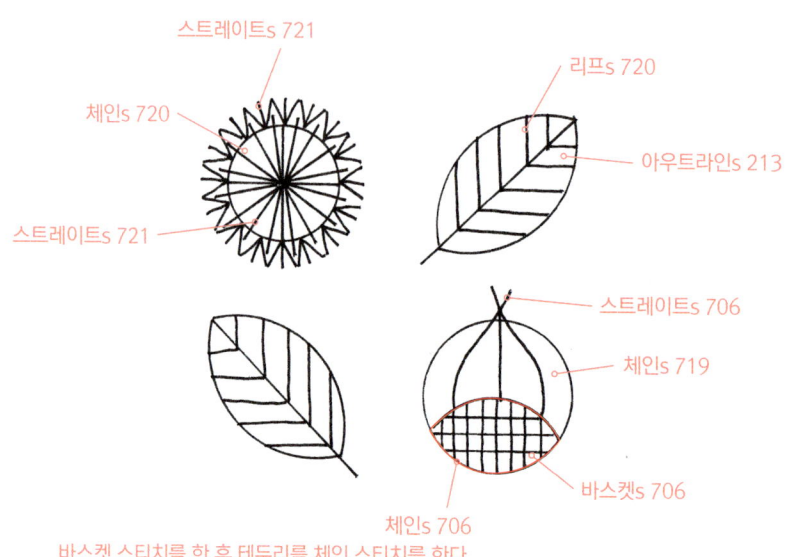

스트레이트s 721

체인s 720

스트레이트s 721

리프s 720

아웃라인s 213

스트레이트s 706

체인s 719

바스켓s 706

체인s 706

바스켓 스티치를 한 후 테두리를 체인 스티치를 한다.

갈색 밤송이

Hawthorn

산사나무

우리말로는 아가위나무라고도 불러요. 여름에 피는 꽃도 예쁘지만
초가을부터 초록빛, 연둣빛, 노란빛으로 물들어가는 잎과 빨간 열
매도 예쁘답니다.
매일 지나는 길가에 있는 산사나무에 가을빛이 물들어가는 모습을
수놓았어요.

사용한 원단 ⟫ 워싱 린넨 11수 아이보리

사용한 실 ⟫ 덴마크 꽃실 46, 56, 97, 216, 223, 237

사용한 스티치 ⟫ 아우트라인 스티치, 체인 스티치, 프렌치 노트 스티치

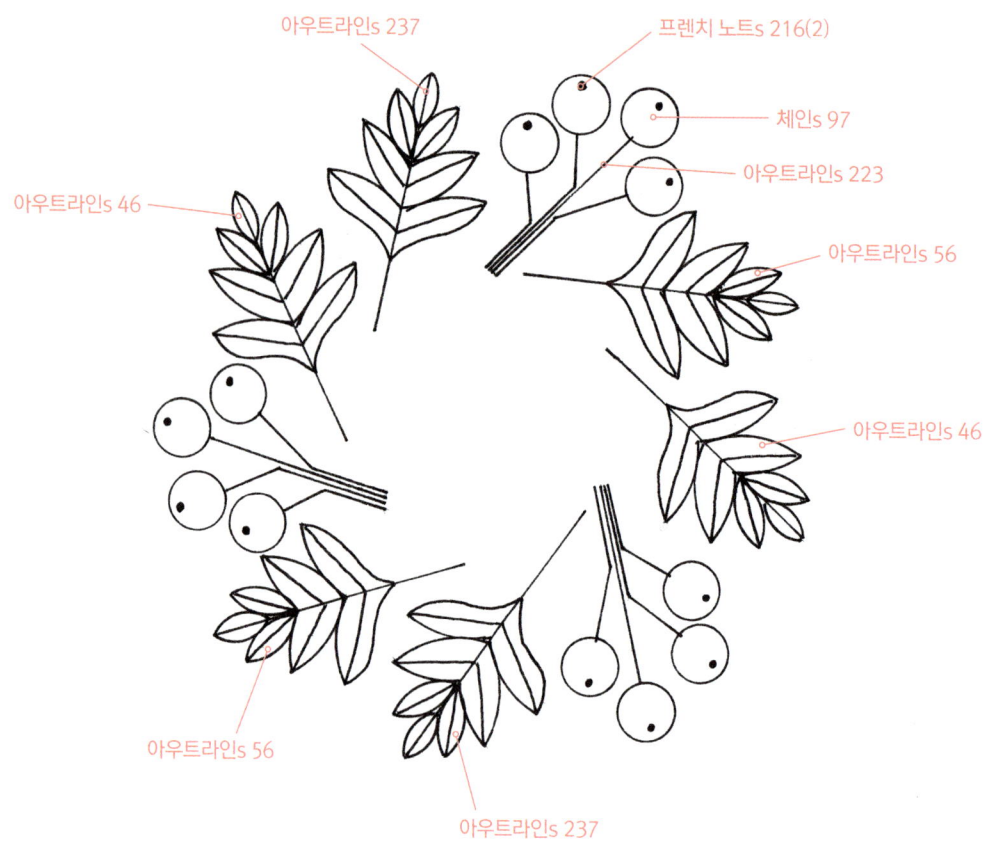

아우트라인s 237

프렌치 노트s 216(2)

체인s 97

아우트라인s 223

아우트라인s 56

아우트라인s 46

아우트라인s 46

아우트라인s 56

아우트라인s 237

Pine cone and Alder

솔방울과 사방오리

솔방울과 사방오리나무의 열매는 비슷하게 생겼어요.
뾰족한 바늘잎을 달고 있는 나무들은 가을에 솔방울이 열리지요.
사방오리나무는 달걀 모양의 넓은 잎을 가지고 있어요.
비슷한 듯 다른 솔방울과 사방오리를 수놓아보았어요.

사용한 원단 》 워싱 린넨 11수 아이보리

사용한 실 》 덴마크 꽃실 9, 237, 704, 705, 720

사용한 스티치 》 러닝 스티치, 아우트라인 스티치, 체인 스티치

기타 재료 》 1.2mm 하드 펠트, 양면 접착심지, 가방 접착심지 2T, 올풀림 방지액

아우트라인s 705

아우트라인s 9

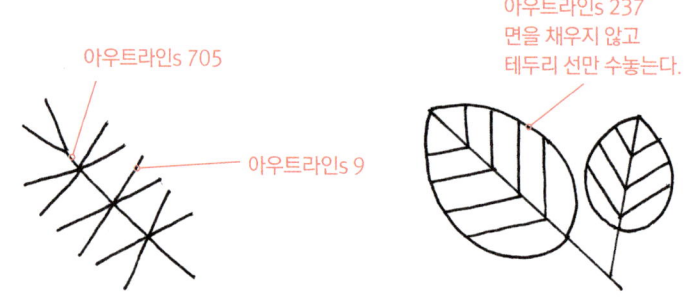

아우트라인s 237
면을 채우지 않고
테두리 선만 수놓는다.

아우트라인s 704
체인 스티치를 한 후
아우트라인 스티치를 한다.

아우트라인s 720

체인s 720

체인s 704

러닝s 720(2)

아우트라인s 720

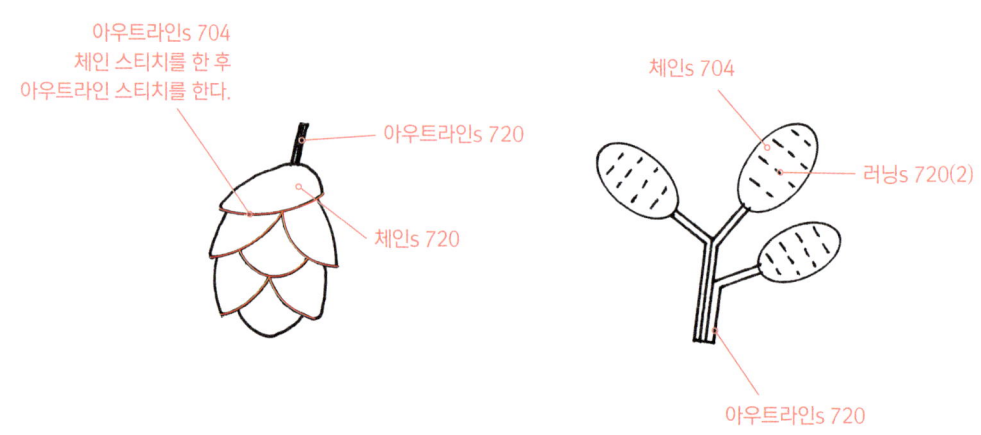

Calabash

조롱박(호리병박)

공원에 있는 작은 터널에서 조롱박이 익어갑니다. 울퉁불퉁 익어가
는 조롱박의 모양이 모두 제각각인 것이 재미있어요.
가을의 초입, 풋풋한 연둣빛의 조롱박을 신기한 듯 올려다봅니다.

아우트라인s 26

체인s 237

아우트라인s 26

아우트라인s 26

체인s 40

아우트라인s 26

체인s 223

체인s 223

체인s 40

사용한 원단 》 워싱 린넨 11수 아이보리

사용한 실 》 덴마크 꽃실 26, 40, 223, 237

사용한 스티치 》 아우트라인 스티치, 체인 스티치

Autumn walk

가을 산책

단풍이 들고 낙엽이 지면 산책길은 알록달록한 낙엽들이 쌓여 폭신
폭신해집니다. 낙엽들 위로 데구르르 굴러다니는 도토리를 보는 일
도 재미있어요.

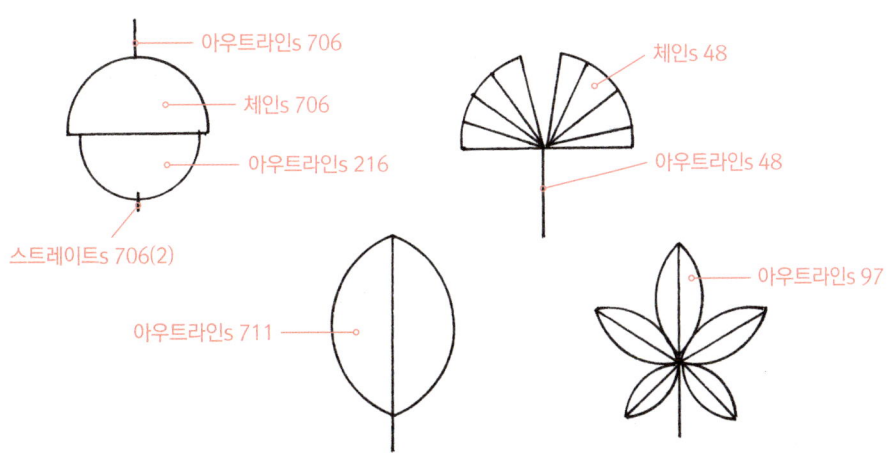

아우트라인s 706
체인s 706
아우트라인s 216
스트레이트s 706(2)
아우트라인s 711
체인s 48
아우트라인s 48
아우트라인s 97

사용한 원단 》 워싱 린넨 11수 아이보리

사용한 실 》 덴마크 꽃실 48, 97, 216, 706, 711

사용한 스티치 》 스트레이트 스티치, 아우트라인 스티치, 체인 스티치

Sunset glow

노을

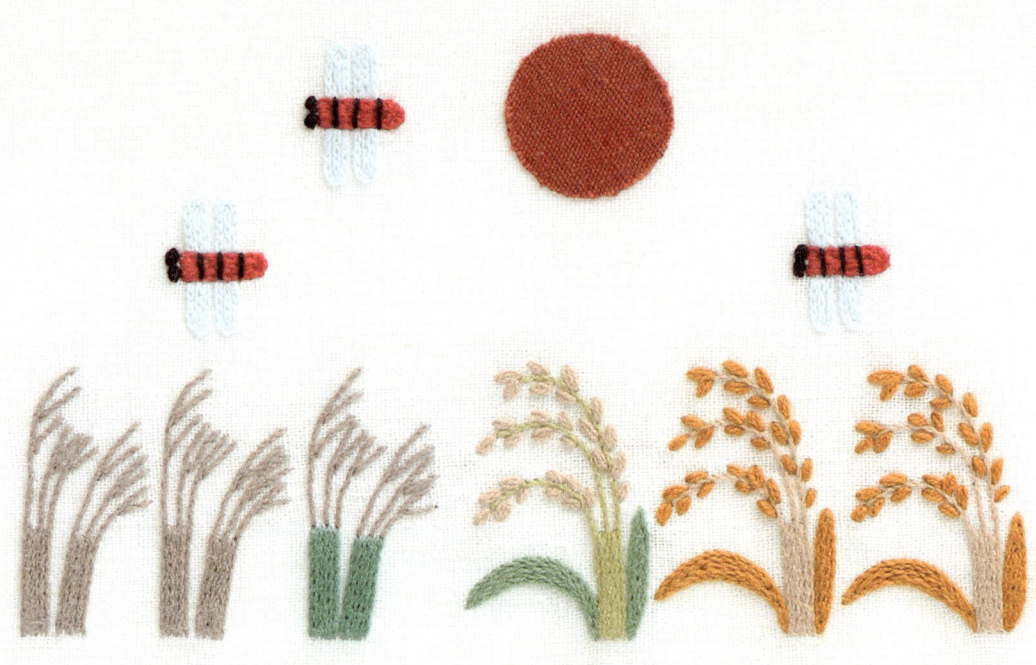

가을이 무르익어 갑니다. 산과 들에 단풍이 지는 풍경도 아름답지
만 억새풀이 자라고 잠자리가 날아다니고 논에는 벼가 황금빛으로
익어가는 가을 저녁, 노을이 지는 풍경을 바라보고 있으면 마음이
편안해집니다.
즐겨 찾는 장소에서 바라보는 가을 풍경을 수놓아보았어요.

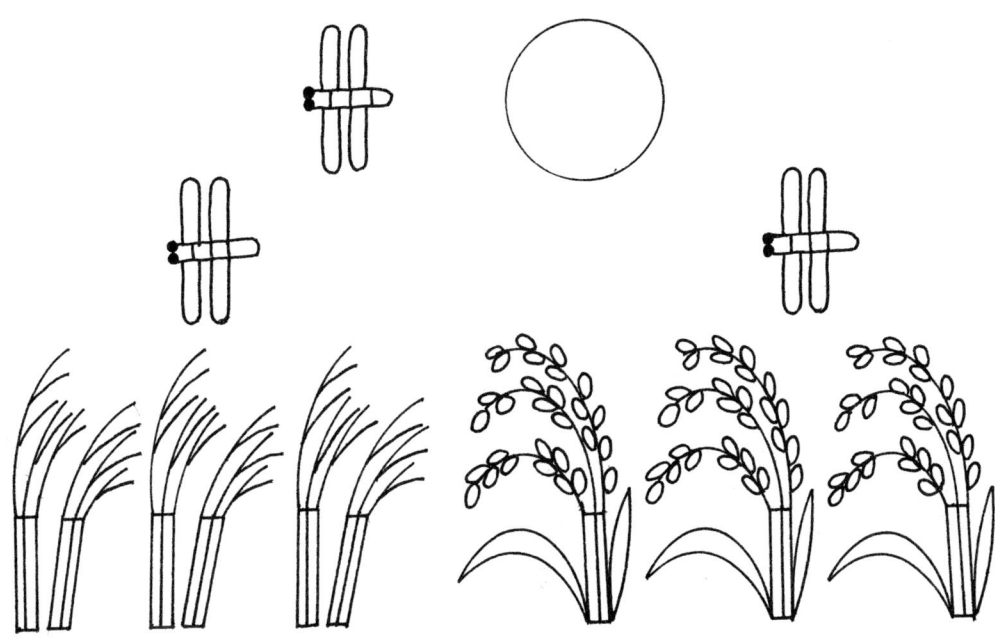

사용한 원단 ⟫   워싱 린넨 11수 아이보리

사용한 실 ⟫   덴마크 꽃실 8, 10, 26, 33, 54, 97, 250, 704, 721

사용한 스티치 ⟫   스트레이트 스티치, 아우트라인 스티치, 체인 스티치, 프렌치 노트 스티치

기타 재료 ⟫   빨간색 면 원단, 양면 접착심지

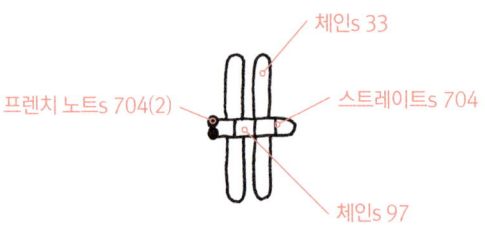

체인s 33

프렌치 노트s 704(2)

스트레이트s 704

체인s 97

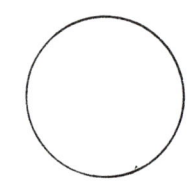

* 도안대로 잘라낸 빨간색 원단 밑에
양면 접착심지를 대고 다리미로 열을 가해 붙여줍니다.

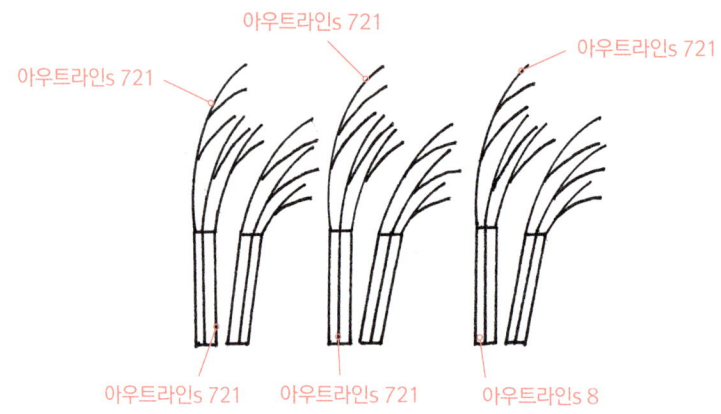

아우트라인s 721

아우트라인s 721

아우트라인s 721

아우트라인s 721

아우트라인s 721

아우트라인s 8

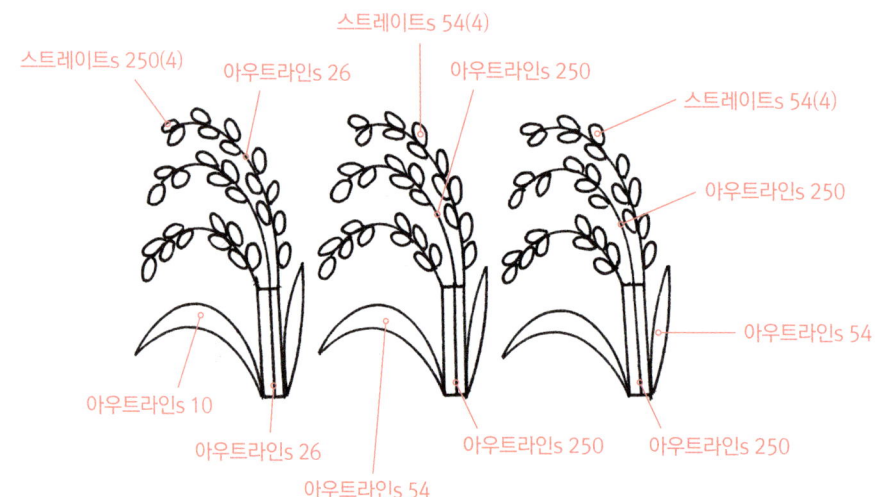

스트레이트s 54(4)

스트레이트s 250(4)

아우트라인s 26

아우트라인s 250

스트레이트s 54(4)

아우트라인s 250

아우트라인s 10

아우트라인s 26

아우트라인s 250

아우트라인s 250

아우트라인s 54

아우트라인s 54

손수건에 자수 붙이는 법
자수 뒷면에 양면 접착심지를 대고
다리미로 열을 가해 붙여줍니다.

수다 프로젝트
겨울
12~2월

겨울의 풍경을 장식하는 메마른 나뭇가지들 사이로
파고드는 햇살이 따뜻하게 느껴집니다.

한때 잎이 무성했던 나뭇가지 사이로 하늘을 올려다봅니다.
눈이 내리고 하얗게 얼어붙은 나뭇가지의 반짝임을 따라
길을 걷다 보면, 모든 것이 잠들어 있을 것 같은 이 계절에도
식물들은 자라고 있음을 발견하게 됩니다.

차가운 공기 속에 멈춰 있는 듯한 고요하고 차분한
일상 속에서 겨울을 수놓아보세요.

따뜻한 봄이 어느새 성큼 다가와 있음을 느끼게 됩니다.

겨울이 오면

꽃집에서 자주 보게 되는 프리지어, 크리스마스 꽃 포인세티아, 잎이 노루의 귀를 닮아 노루귀꽃, 나무에 기생해서 겨울을 사는 겨우살이, 사계절 내내 피는 베고니아, 눈 속에서도 피어나는 꽃 스노우드롭, 겨울의 끝 무렵 공원에서 피어나는 팬지 등 겨울에도 만날 수 있는 꽃들을 수놓았습니다.

팬지
Pansy

사용한 실 》 덴마크 꽃실 5, 40, 46, 48, 223, 237

사용한 스티치 》 스트레이트 스티치, 아웃라인 스티치, 체인 스티치,
프렌치 노트 스티치

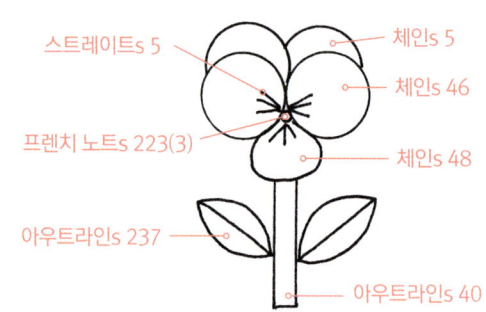

스트레이트s 5

체인s 5

체인s 46

프렌치 노트s 223(3)

체인s 48

아웃라인s 237

아웃라인s 40

포인세티아
Poinsettia

사용한 실 》 덴마크 꽃실 10, 48, 238, 500

사용한 스티치 》 아웃라인 스티치, 프렌치 노트 스티치

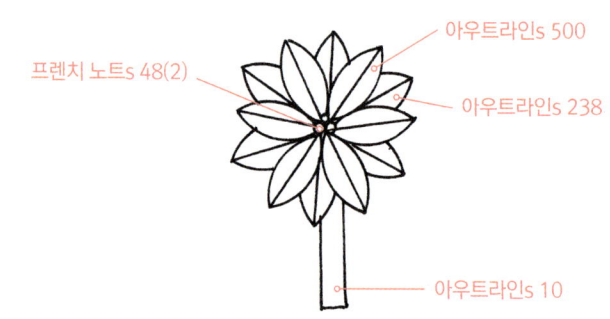

아웃라인s 500

프렌치 노트s 48(2)

아웃라인s 238

아웃라인s 10

노루귀

Hepatica

사용한 실 》 덴마크 꽃실 237, 505, 703, 727

사용한 스티치 》 스트레이트 스티치, 아웃라인 스티치, 체인 스티치,
프렌치 노트 스티치

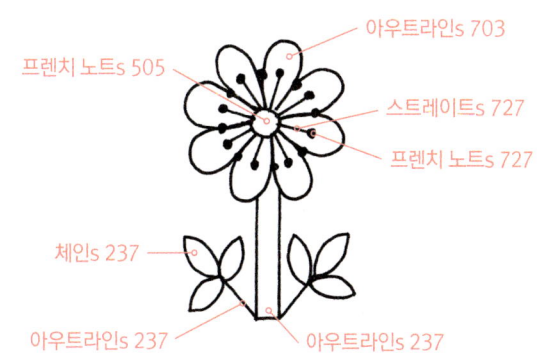

프렌치 노트s 505

아웃라인s 703

스트레이트s 727

프렌치 노트s 727

체인s 237

아웃라인s 237

아웃라인s 237

매화

Plum blossom

사용한 실 》 덴마크 꽃실 2, 46, 86, 705

사용한 스티치 》 스트레이트 스티치, 아웃라인 스티치, 체인 스티치,
프렌치 노트 스티치

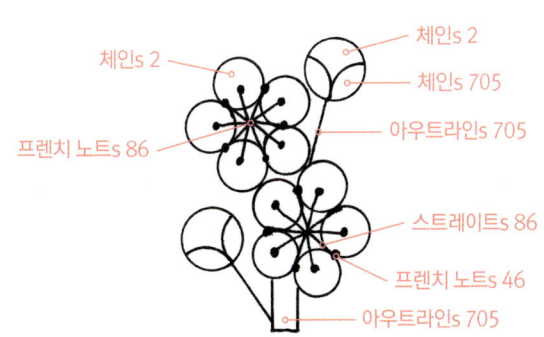

체인s 2

체인s 2

체인s 705

아웃라인s 705

프렌치 노트s 86

스트레이트s 86

프렌치 노트s 46

아웃라인s 705

동백나무 꽃

Camellia

사용한 실 》 덴마크 꽃실 9, 46, 97, 223, 720, 727

사용한 스티치 》 아우트라인 스티치, 체인 스티치, 프렌치 노트 스티치

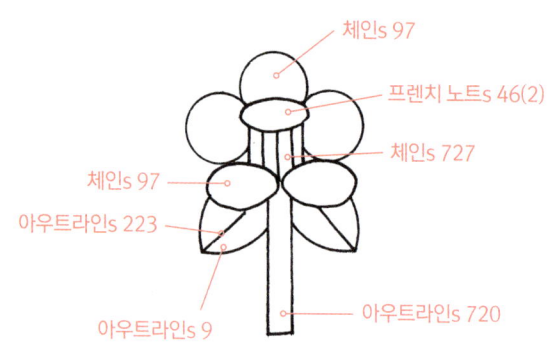

체인s 97

프렌치 노트s 46(2)

체인s 727

체인s 97

아우트라인s 223

아우트라인s 9

아우트라인s 720

아네모네

Anemone

사용한 실 》 덴마크 꽃실 9, 10, 11, 704, 727

사용한 스티치 》 아우트라인 스티치, 체인 스티치

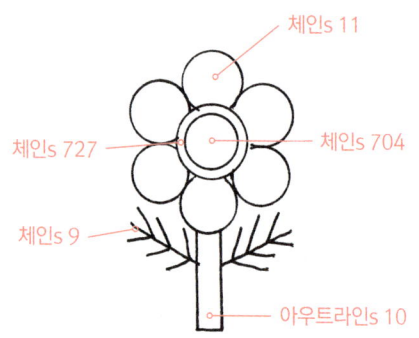

체인 11

체인s 727

체인s 704

체인s 9

아우트라인s 10

프리지아
Freesia

사용한 실 》 덴마크 꽃실 40, 48, 724

사용한 스티치 》 아웃트라인 스티치, 체인 스티치

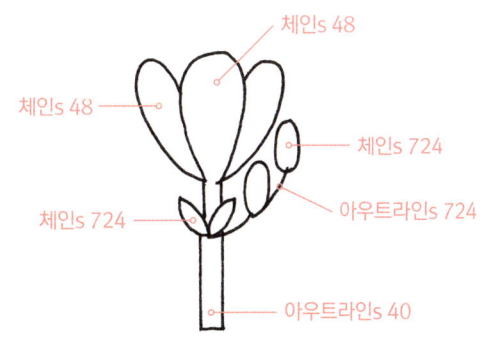

체인s 48

체인s 48

체인s 724

체인s 724

아웃트라인s 724

아웃트라인s 40

베고니아
Begonia

사용한 실 》 덴마크 꽃실 8, 48, 504, 505

사용한 스티치 》 아웃트라인 스티치, 체인 스티치, 프렌치 노트 스티치

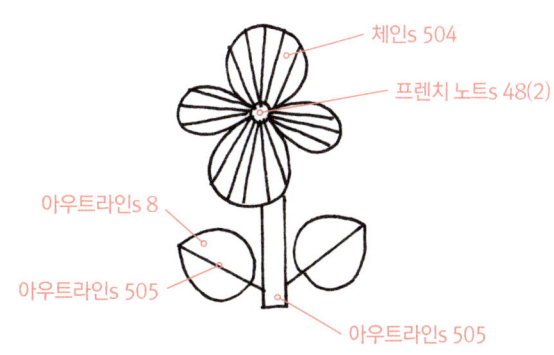

체인s 504

프렌치 노트s 48(2)

아웃트라인s 8

아웃트라인s 505

아웃트라인s 505

갯버들
Pussy willow

사용한 실 》 덴마크 꽃실 235, 720

사용한 스티치 》 아웃라인 스티치, 체인 스티치

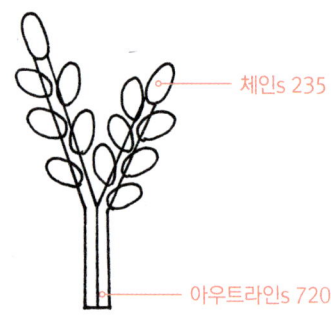

체인s 235

아웃라인s 720

샌더소니아
Sandersonia

사용한 실 》 덴마크 꽃실 10, 206, 711

사용한 스티치 》 아웃라인 스티치, 체인 스티치

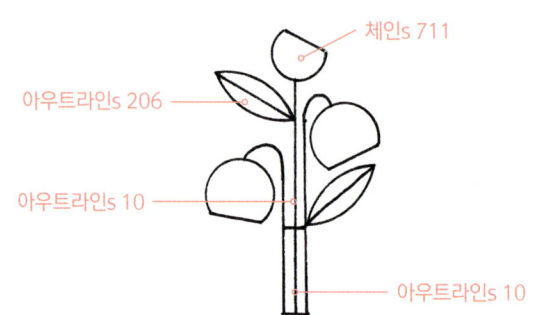

체인s 711

아웃라인s 206

아웃라인s 10

아웃라인s 10

겨우살이

Mistletoe

사용한 실 》 덴마크 꽃실 8, 46, 504

사용한 스티치 》 스트레이트 스티치, 아우트라인 스티치, 체인 스티치

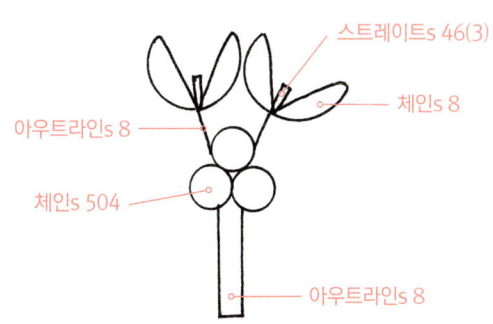

스트레이트s 46(3)

체인s 8

아우트라인s 8

체인s 504

아우트라인s 8

스노우드롭

Snowdrop

사용한 실 》 덴마크 꽃실 8, 9, 206, 724, 727

사용한 스티치 》 아우트라인 스티치, 체인 스티치, 프렌치 노트 스티치

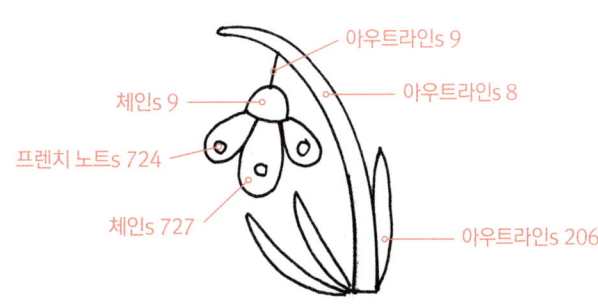

아우트라인s 9

체인s 9

아우트라인s 8

프렌치 노트s 724

체인s 727

아우트라인s 206

겨울 꽃꽂이

수놓아 오려낸 꽃을 화병에 꽂아 꽃꽂이 놀이를 해보세요. 진짜 꽃은 아니지만 다양한 색의 꽃을 조합하는 재미를 느낄 수 있습니다.

Winter metasequoia

겨울 메타세쿼이아

잎이 다 지고 난 뒤에도 길쭉하고 여린 가지들이 아름다운 나무예요. 햇살이 비치는 각도에 따라 나무 전체가 붉은빛으로 보이기도 합니다.

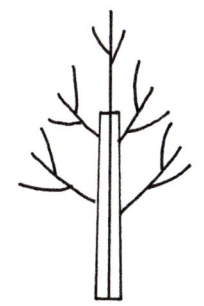
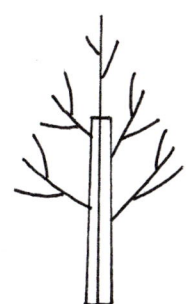
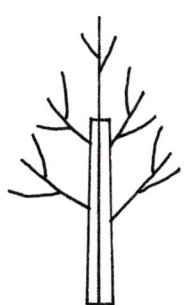
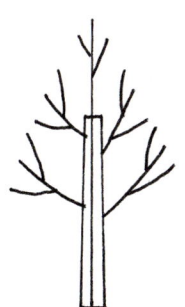

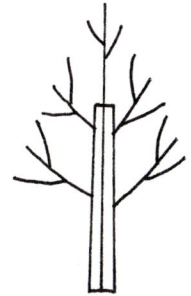
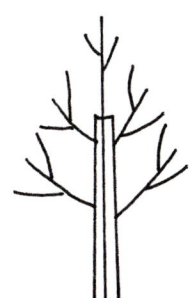

아우트라인s 14

사용한 원단 ≫ 워싱 린넨 11수 아이보리
사용한 실 ≫ 덴마크 꽃실 14
사용한 스티치 ≫ 아우트라인 스티치

목화 꽃다발

꽃집 앞에 놓인 풍성한 목화 꽃다발에 눈길이 갑니다. 한아름 꽃다
발을 안으면 온몸이 따뜻해질 것 같아요. 동그란 잎의 초록빛 유칼
립투스와 목화꽃이 어우러진 모습이 마음에 쏙 듭니다.

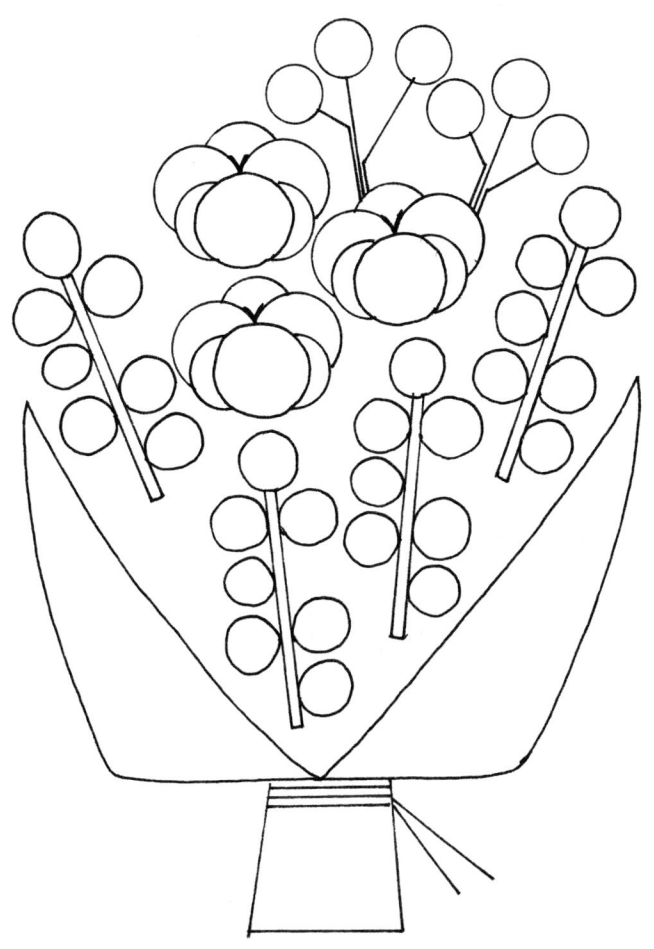

사용한 원단 ≫ 워싱 린넨 11수 베이지

사용한 실 ≫ 덴마크 꽃실 1, 97, 147, 213, 216, 223, 237, 705, 727

사용한 스티치 ≫ 스트레이트 스티치, 아우트라인 스티치, 체인 스티치

기타 재료 ≫ 연분홍색 원단, 양면 접착심지

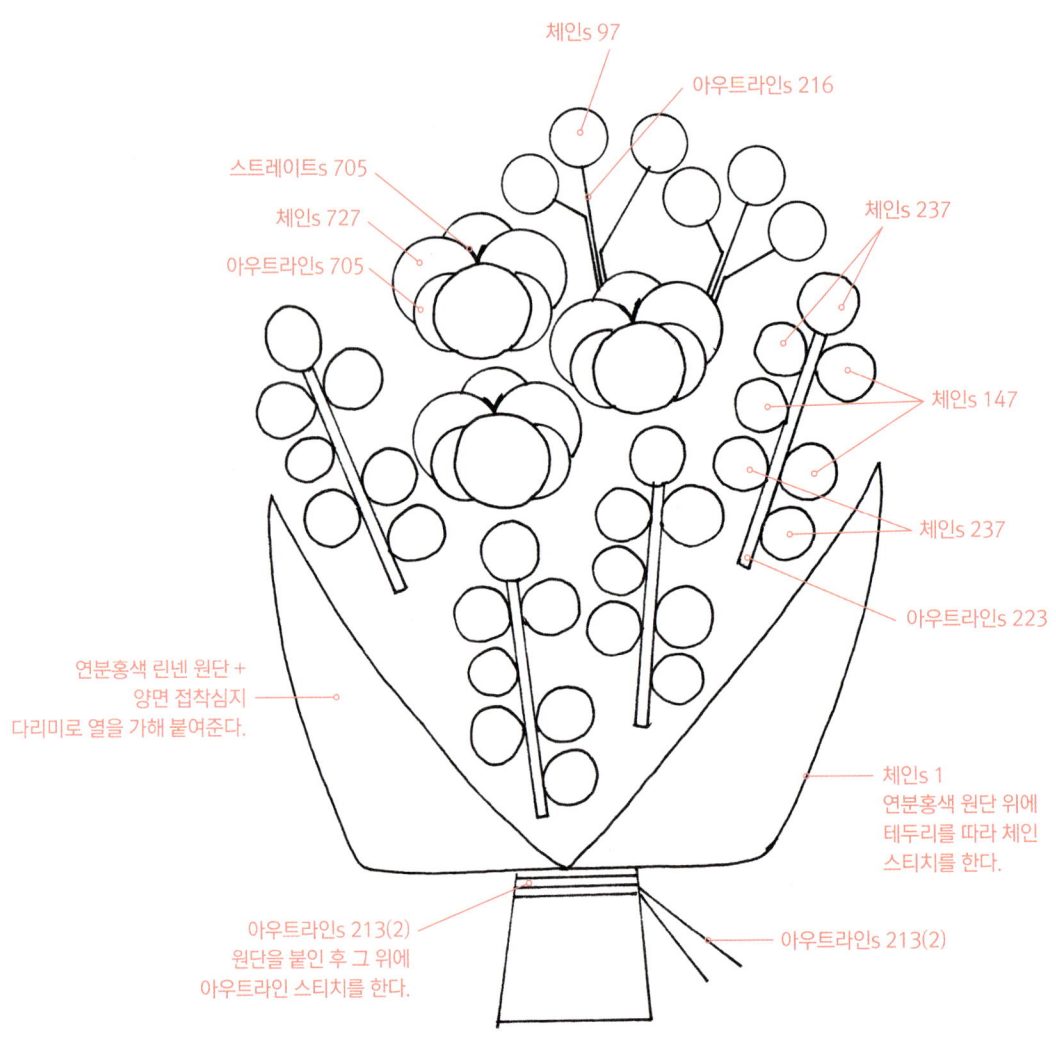

체인s 97

아우트라인s 216

스트레이트s 705

체인s 727

아우트라인s 705

체인s 237

체인s 147

체인s 237

아우트라인s 223

연분홍색 린넨 원단 +
양면 접착심지
다리미로 열을 가해 붙여준다.

체인s 1
연분홍색 원단 위에
테두리를 따라 체인
스티치를 한다.

아우트라인s 213(2)
원단을 붙인 후 그 위에
아우트라인 스티치를 한다.

아우트라인s 213(2)

Snowflake

눈꽃송이

하얗게 눈이 내립니다. 내리는 눈만큼 아름다운 눈의 결정체는 수
천 개의 모양을 가지고 있다고 해요. 꽃처럼 아름다운 눈의 결정체
를 수놓았어요.

사용한 원단 》 워싱 린넨 11수 아이보리 / 면 빨간색

사용한 실 》 덴마크 꽃실 5, 29, 40, 97, 220, 238, 510, 711, 727

사용한 스티치 》 레이지 데이지 스티치, 리프 스티치, 백 스티치, 스트레이트 스티치,
아우트라인 스티치, 프렌치 노트 스티치

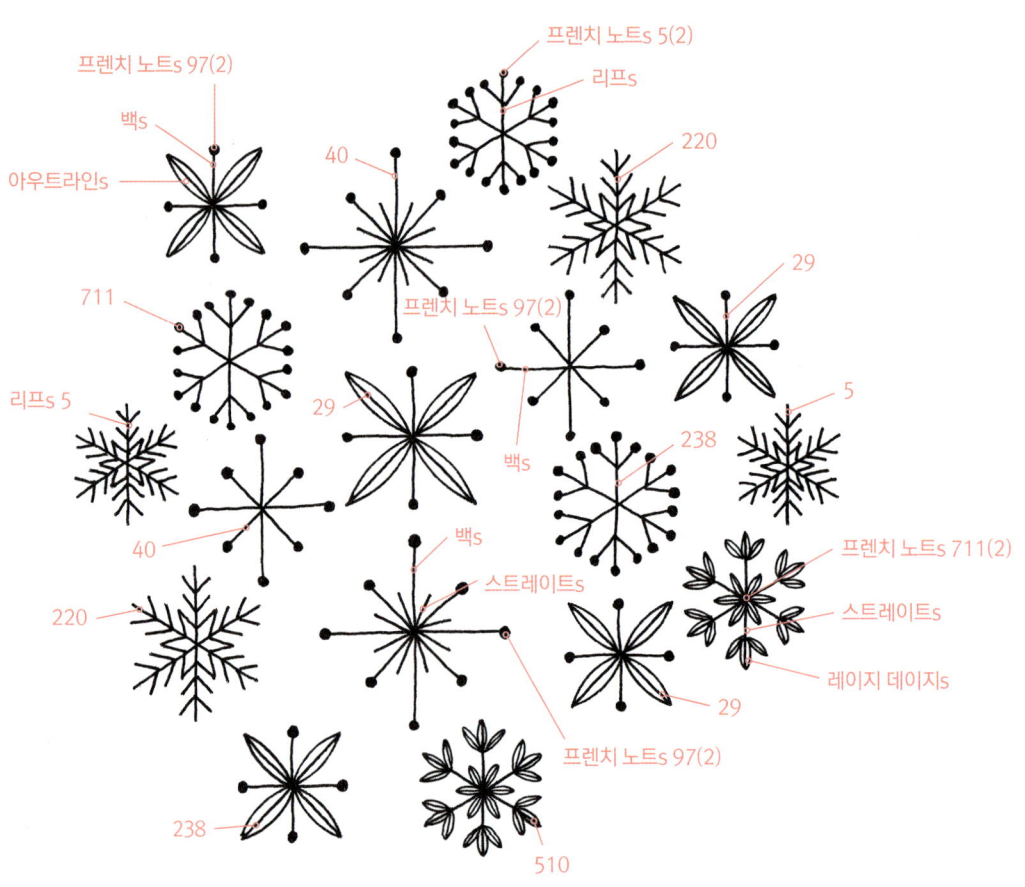

프렌치 노트s 5(2)

프렌치 노트s 97(2)

백s

아우트라인s

40

리프s

220

711

29

프렌치 노트s 97(2)

리프s 5

29

백s

5

40

238

220

백s

스트레이트s

프렌치 노트s 711(2)

스트레이트s

레이지 데이지s

29

238

프렌치 노트s 97(2)

510

* 실 번호만 표기된 곳은 모양이 같은 도안과 같은 스티치를 사용합니다.
* 빨간색 원단에는 727번 색상의 실을 사용했습니다.

Christmas wreath

크리스마스 리스

동네 작은 꽃집에서는 솔방울과 빨간 열매, 포근한 목화, 포인세티아
와 솔가지로 장식한 리스를 현관문에 걸어 크리스마스 분위기를 한
껏 뽐내고 있어요. 한적한 골목길의 분위기가 덕분에 화사해졌어요.

사용한 원단 》 워싱 린넨 11수 아이보리

사용한 실 》 덴마크 꽃실 48, 97, 174, 206, 216, 238, 500, 704, 705, 720, 727

사용한 스티치 》 스트레이트 스티치, 아우트라인 스티치, 체인 스티치, 프렌치 노트 스티치

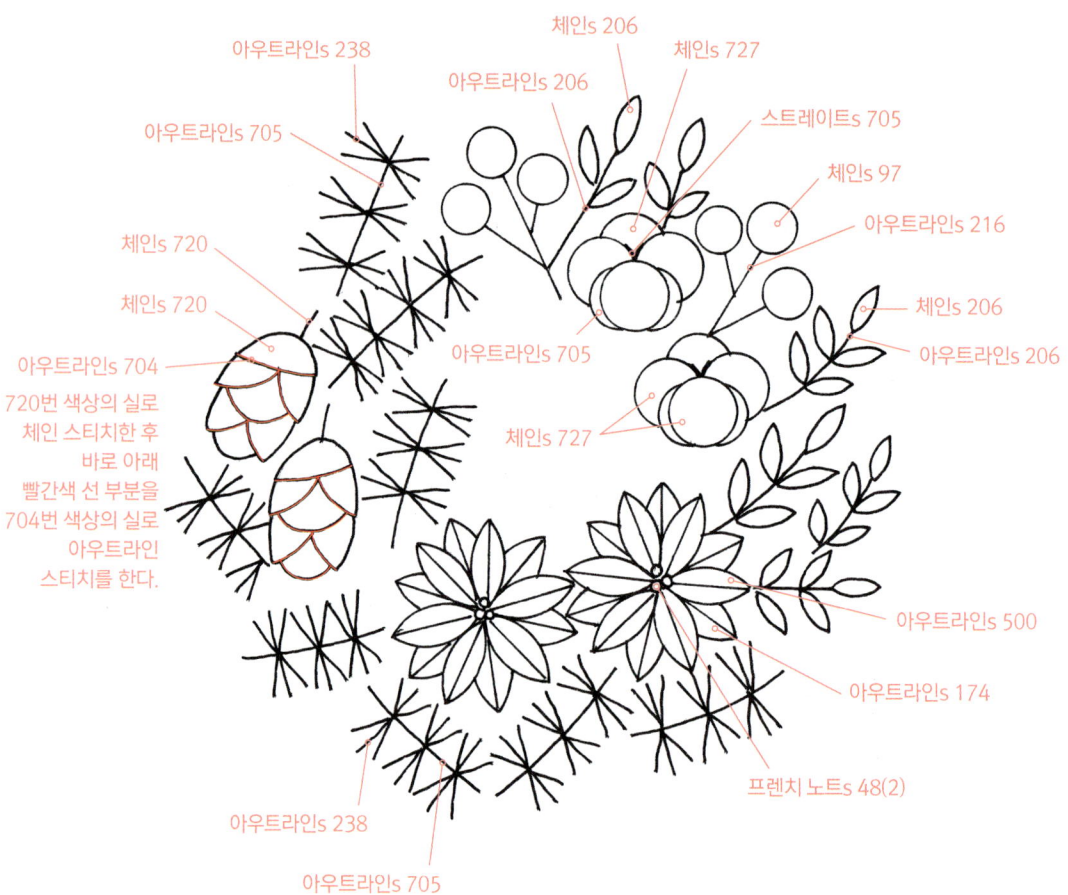

체인s 206

체인s 727

아웃라인s 238

아웃라인s 206

스트레이트s 705

아웃라인s 705

체인s 97

체인s 720

아웃라인s 216

체인s 720

체인s 206

아웃라인s 704

아웃라인s 206

720번 색상의 실로
체인 스티치한 후
바로 아래
빨간색 선 부분을
704번 색상의 실로
아웃라인
스티치를 한다.

아웃라인s 705

체인s 727

아웃라인s 500

아웃라인s 174

프렌치 노트s 48(2)

아웃라인s 238

아웃라인s 705

Tree

나무

앙상한 가지만 남은 나무들 사이로 늘 푸른 나무들이 돋보이는 계
절입니다. 겨울에도 초록빛 잎사귀를 간직하고 있는 다양한 형태의
나무들을 수놓았습니다.

사용한 원단 ≫ 면 아이보리색 / 워싱 린넨 11수 코코아

사용한 실 ≫ 덴마크 꽃실 8, 9, 147, 206, 216, 238, 707, 724

사용한 스티치 ≫ 리프 스티치, 스트레이트 스티치, 아웃라인 스티치, 체인 스티치,
프렌치 노트 스티치

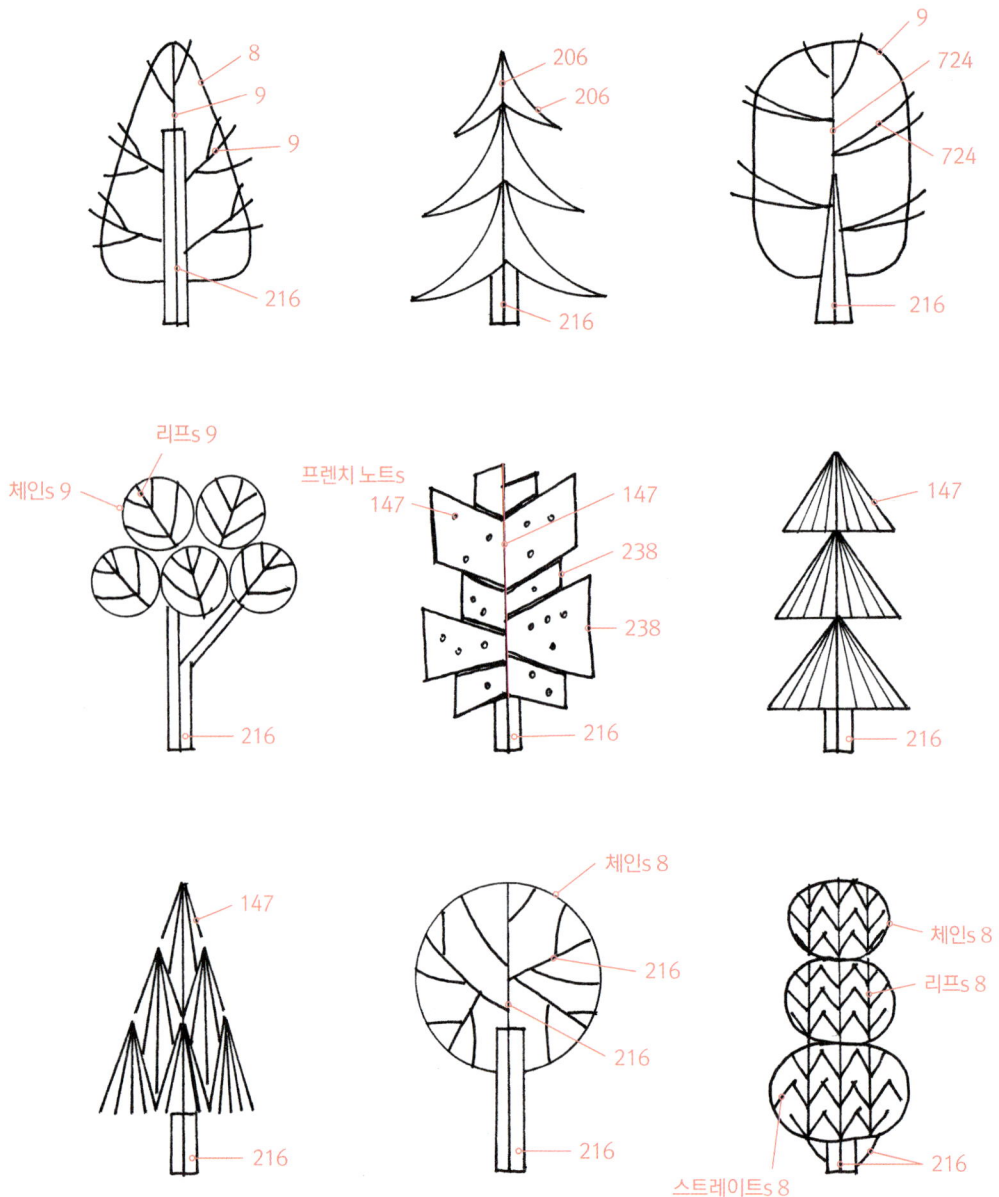

8
9
9
216

206
206
216

9
724
724
216

리프s 9
체인s 9
216

프렌치 노트s
147
147
238
238
216

147
216

147
216

체인s 8
216
216
216

체인s 8
리프s 8
216
스트레이트s 8

* 색상 번호만 표기된 곳은 아웃라인 스티치입니다.
* 코코아색 원단에는 707번 색상의 실을 사용했습니다.

Anemone

아네모네

어느 겨울날 도서관 입구 화분에는 다양한 색깔의 아네모네가 피어
있었어요.

꽃이 아름답지만 따면 금방 시들어버리기 때문에 고대 그리스에서
아네모네는 슬픔과 죽음의 상징이었다고 해요. 아네모네는 그리스
어로 바람이라는 의미를 가지고 있어 바람꽃이라고도 불립니다.

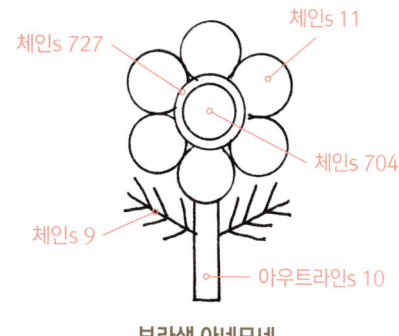

체인s 727 · 체인s 11 · 체인s 704 · 체인s 9 · 아우트라인s 10

보라색 아네모네

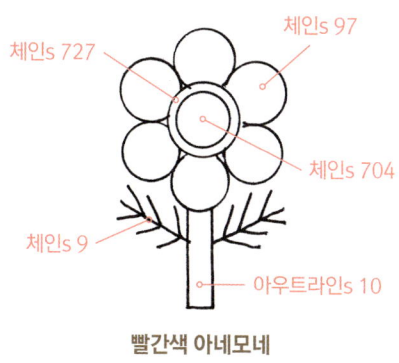

체인s 727 · 체인s 97 · 체인s 704 · 체인s 9 · 아우트라인s 10

빨간색 아네모네

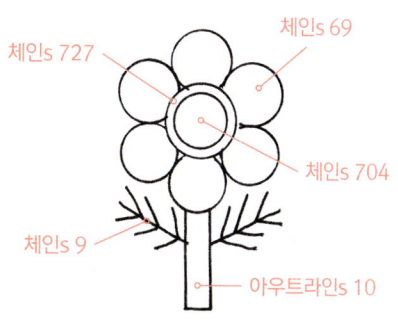

체인s 727 · 체인s 69 · 체인s 704 · 체인s 9 · 아우트라인s 10

연분홍색 아네모네

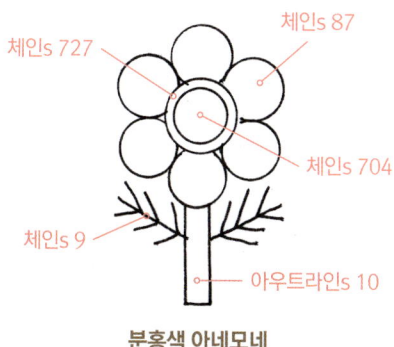

체인s 727 · 체인s 87 · 체인s 704 · 체인s 9 · 아우트라인s 10

분홍색 아네모네

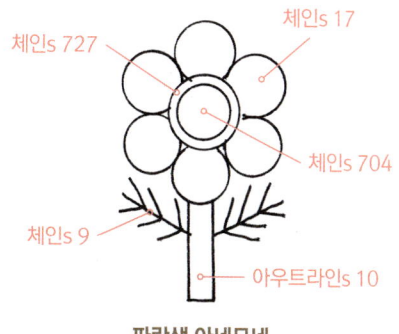

체인s 727 · 체인s 17 · 체인s 704 · 체인s 9 · 아우트라인s 10

파란색 아네모네

사용한 원단 ≫ 워싱 린넨 11수 아이보리
사용한 실 ≫ 덴마크 꽃실 9, 10, 11, 17, 69, 87, 97, 704, 727
사용한 스티치 ≫ 아우트라인 스티치, 체인 스티치

Pine tree

소나무

추위 속에서도 푸르름을 잃지 않고 당당히 서 있는 소나무 아래 있
으면 몸과 마음이 절로 건강해지는 것 같아요. 겨울이면 더욱더 빛
을 발하는 멋진 소나무의 자태를 수놓아보았어요.

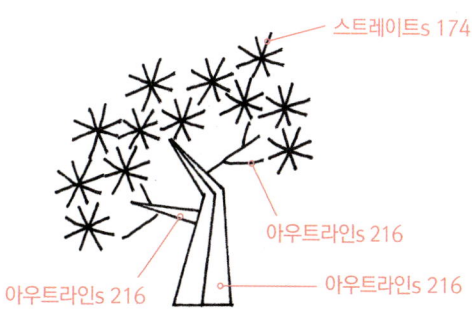

스트레이트s 174

아우트라인s 216

아우트라인s 216

아우트라인s 216

사용한 원단 》 워싱 린넨 11수 아이보리
사용한 실 》 덴마크 꽃실 174, 216
사용한 스티치 》 스트레이트 스티치, 아우트라인 스티치

Pussy willow

갯버들

개울가에서 자란다고 갯버들이라고 해요. 살랑살랑 강아지 꼬리 같
아 버들강아지라고도 불리고, 솜털같이 생겨 솜털버들이라고도 불
린답니다. 빛의 방향에 따라 솜털의 색깔이 회색빛 또는 보랏빛으
로 보이기도 한답니다.

사용한 원단 》 워싱 린넨 11수 아이보리 / 면 하늘색, 살구색, 연두색, 보라색

사용한 실 》 덴마크 꽃실 5, 19, 53, 223, 235, 510, 720

사용한 스티치 》 아우트라인 스티치, 체인 스티치

기타 재료 》 꽃병 원단, 양면 접착심지

수놓기 》 · 갯버들을 수놓은 후 화병 도안을 원단에 대고 그립니다. 그리고 잘라낸 뒤 뒷면에 양면
　　　　　접착심지를 대고 다리미로 눌러 고정시켜 줍니다.
　　　　· 꽃병 부분에 원단을 부착하는 대신 수놓기로 표현할 경우에는 체인 스티치로 수놓습니다.

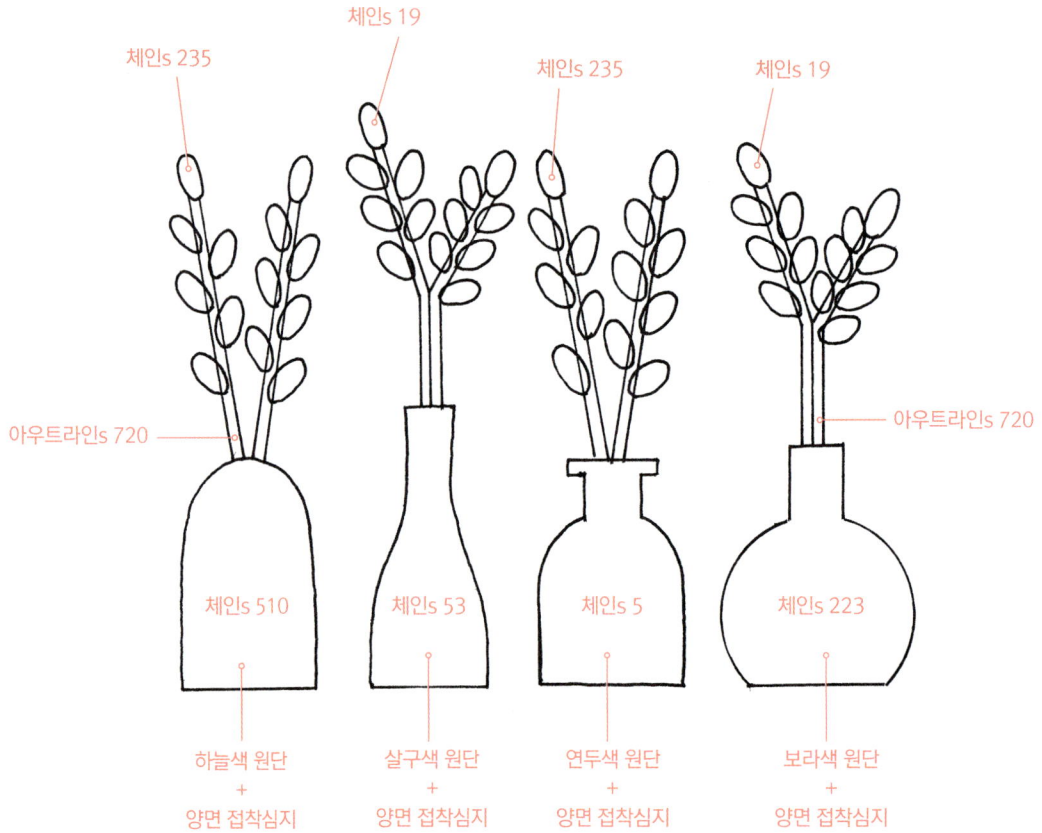

체인s 19

체인s 235

체인s 235

체인s 19

아우트라인s 720

아우트라인s 720

체인s 510

체인s 53

체인s 5

체인s 223

하늘색 원단
+
양면 접착심지

살구색 원단
+
양면 접착심지

연두색 원단
+
양면 접착심지

보라색 원단
+
양면 접착심지

사용한 원단 ≫ 면 하늘색, 살구색, 연두색, 보라색

사용한 실 ≫ 덴마크 꽃실 5, 19, 53, 223, 235, 510, 720

사용한 스티치 ≫ 아웃라인 스티치, 체인 스티치

Winter landscape

겨울 풍경

이른 아침 산책길, 자주 들르는 공원 한편의 벤치에 잠시 앉아 멀리
보이는 숲의 풍경을 바라봅니다. 눈이 올 것만 같은 하얀 하늘 아래
가지만 앙상하게 드러낸 나무 위로 새들이 날아갑니다. 특별할 것
없는 겨울의 일상 속에서 행복함을 느낍니다.

동화 속의 파랑새를 떠올리며, 어느 겨울날의 아침 풍경을 수놓았
습니다.

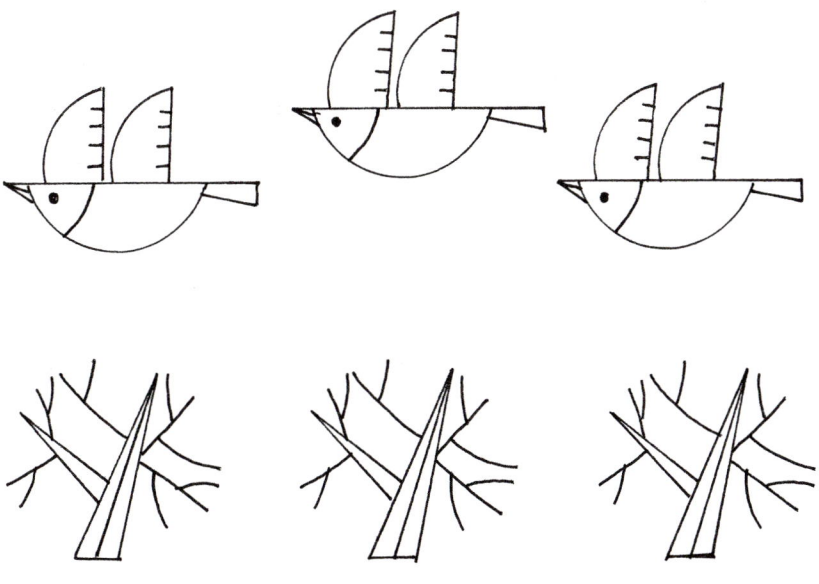

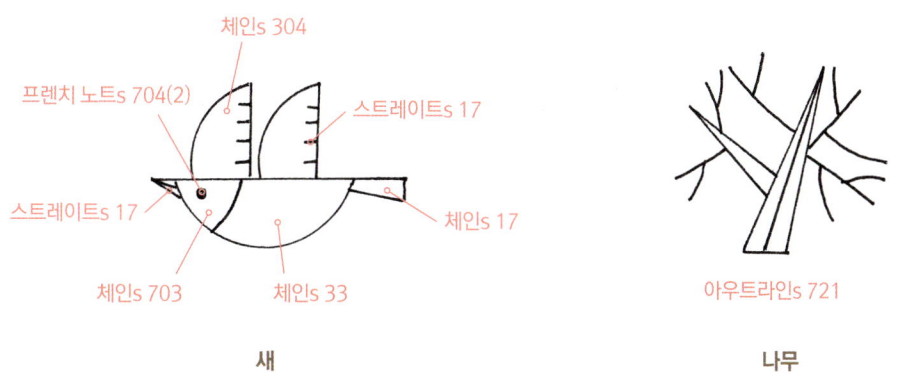

체인s 304

프렌치 노트s 704(2)

스트레이트s 17

스트레이트s 17

체인s 17

체인s 703

체인s 33

아우트라인s 721

새

나무

사용한 원단 ≫ 워싱 린넨 11수 아이보리

사용한 실 ≫ 덴마크 꽃실 17, 33, 304, 703, 704, 721

사용한 스티치 ≫ 스트레이트 스티치, 아우트라인 스티치, 체인 스티치, 프렌치 노트 스티치

수다 자수 프로젝트

사계절 오동통 꽃자수

초판 1쇄 발행 2021년 11월 20일

지은이 최부경
펴낸이 이지은
펴낸곳 팜파스
기획 · 진행 이진아
편집 정은아
디자인 박진희
마케팅 김민경, 김서희
인쇄 케이피알커뮤니케이션

출판등록 2002년 12월 30일 제10-2536호
주소 서울시 마포구 어울마당로5길 18 팜파스빌딩 2층
대표전화 02-335-3681　　　**팩스** 02-335-3743
홈페이지 www.pampasbook.com | blog.naver.com/pampasbook
인스타그램 www.instagram.com/pampasbook
이메일 pampas@pampasbook.com

값 20,000원
ISBN 979-11-7026-432-3 (13590)

여름

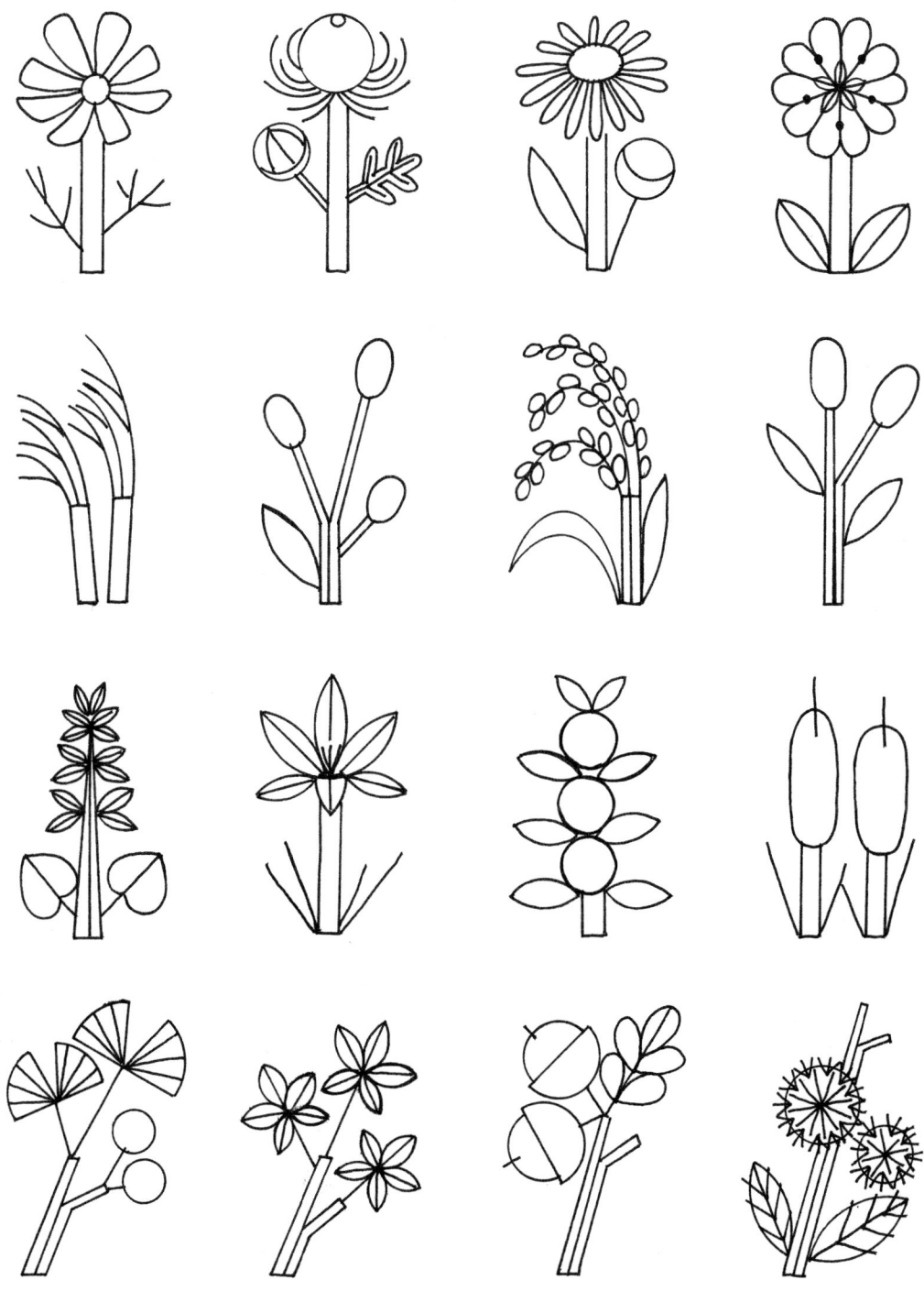